大学生教育与职业素质培养研究

棘彦焱 ◎ 著

吉林出版集团股份有限公司

图书在版编目（CIP）数据

大学生教育与职业素质培养研究 / 棘彦焱著. — 长春
: 吉林出版集团股份有限公司，2023.9
ISBN 978-7-5731-4301-3

Ⅰ.①大… Ⅱ.①棘… Ⅲ.①大学生－教育管理－研
究②大学生－职业选择－研究 Ⅳ.①G647

中国国家版本馆 CIP 数据核字（2023）第 178342 号

大学生教育与职业素质培养研究

DAXUESHENG JIAOYU YU ZHIYE SUZHI PEIYANG YANJIU

著　　者　棘彦焱

责任编辑　齐　琳

封面设计　林　吉

开　　本　787mm×1092mm　　1/16

字　　数　210 千

印　　张　13

版　　次　2023 年 9 月第 1 版

印　　次　2024 年 1 月第 1 次印刷

出版发行　吉林出版集团股份有限公司

电　　话　总编办：010-63109269

　　　　　发行部：010-63109269

印　　刷　廊坊市广阳区九洲印刷厂

ISBN 978-7-5731-4301-3　　　　　　　　　定价：78.00 元

前　言

随着社会的不断发展和变革，大学生教育与职业素质培养已经成为当今教育领域的一个重要议题。在现代社会，大学生不仅需要扎实的学科知识，还需要具备跨学科的综合素质、实践能力以及适应快速变化的职场要求的能力。因此，大学教育不再局限于传授知识，更应该注重培养学生的创新思维、团队协作和社会责任感。本书旨在深入探讨大学生教育与职业素质培养的关系，探寻如何在教育过程中实现学生的全面发展，为他们未来的职业道路打下坚实的基础。

在本书中，我们将对大学生教育与职业素质培养进行深入研究，从不同维度出发，探讨如何在大学教育中融合学科知识和实践能力，培养具有创新、合作和适应力的现代人才。我们探索了在大学教育中如何引导学生积极参与实践、培养解决问题的能力、树立正确的职业价值观，以及如何建立与产业界的紧密合作，使学生更好地融入职业社会。

我们相信，大学生教育与职业素质培养不仅是教育的使命，更是社会发展的需要。通过深入研究和讨论，我们希望能够为教育者、学生以及各界人士提供有益的思路和实践经验，共同探索如何构建适应现代社会需求的大学教育模式，培养具备全面素质的新一代人才，为社会的可持续发展做出积极贡献。

由于作者能力和水平有限，书中错误和不足之处难免，敬请读者批评和指正。

棘彦焱

2022 年 12 月

目　录

第一章　大学生教育概述·· 1

　第一节　大学生教育管理方式的转变 ···································· 1

　第二节　新公共服务大学生教育管理 ···································· 8

　第三节　传统文化与大学生教育管理 ································· 15

　第四节　从严从实做好大学生教育管理服务 ······················ 20

第二章　大学生素质教育基本理论 ·································· 28

　第一节　素质与素质教育概述 ··· 28

　第二节　大学生素质教育概述 ··· 42

第三章　职业意识 ··· 81

　第一节　职业意识的基本理论 ··· 81

　第二节　责任意识 ·· 88

　第三节　质量意识 ·· 92

　第四节　敬业成就事业 ·· 96

第四章　职业素质教育 ··· 102

　第一节　职业素质概述 ·· 102

　第二节　职业素质的组成 ··· 103

　第三节　职业素质的培养与提高 ······································ 106

第五章　大学生职业基础素质培养 ································· 111

　第一节　大学生身心健康教育 ··· 111

第二节　大学生公民道德教育 ……………………………………… 118

第三节　大学生通识教育 …………………………………………… 141

第六章　大学生创新创业教育 …………………………………………… 151

第一节　创新与创新精神 …………………………………………… 151

第二节　创业与创业精神 …………………………………………… 160

第三节　创新与创业的关系 ………………………………………… 168

第四节　创新思维 …………………………………………………… 170

第七章　大学生职业辅助素养培养 ……………………………………… 179

第一节　大学生诚信职业素养培养 ………………………………… 179

第二节　大学生理财素养培养 ……………………………………… 189

第三节　大学生法治素养培养 ……………………………………… 193

参考文献 …………………………………………………………………… 201

第一章　大学生教育概述

第一节　大学生教育管理方式的转变

我国高等教育已进入后大众化阶段，即将步入普及化阶段，这不仅意味着我国高等教育在数量和规模上的扩张，同时意味着大学生个体和群体特点的巨大变化。正确认识新形势下大学生的新特点，正视高校学生教育管理工作存在的问题，积极转变教育管理方式方法，是高校学生教育管理工作的必然选择。

2022年，我国各类高等教育在学总规模达到4655万人，高等教育毛入学率59.6%，中国高等教育稳步迈入高等教育后大众化阶段，并即将向普及化发展。高等教育后大众化既不同于精英教育，也不同于普及教育，不仅仅意味着高等教育规模的进一步扩张，更意味着高等教育系统外部和内部的深刻变化，再加上社会的快速发展和网络的普及，高等教育发展呈现出阶段性的特征，大学生群体呈现出众多与高等教育精英和大众化阶段所不同的新特点，传统的教育管理方式无法完全适应这些变化。正确认识这一阶段大学生的新特点，正视大学生教育管理工作存在的问题，积极转变教育管理方式方法，是高校学生教育管理工作的必然选择。

一、当代大学生的新特点

（一）价值追求的个性化

当前，高校在校大学生出生于 2000 年前后，"00"后也于 2018 年秋季入学后正式作为一个群体进入大学校园。当代大学生成长于中国经济和互联网高速发展时期，物质生活富裕，成长环境优越，信息高度发达，网络普及程度高，从小受到良好教育，知识丰富，思维活跃，充满自信。丰富的物质生活和优越的成长环境使他们的个性得到充分发展。他们所处的时代文化变得更加多元，受外界环境影响也更为明显，突出表现在他们的人生规划中更加注重自我情感体验和价值实现，价值追求更加多元，更富个性化。调查数据表明，当代大学生更加关注个人层面的价值目标，排在前 10 位的分别是身体健康、家庭和睦、事业成功、心情舒畅、独立自主、舒适生活、真诚友谊、纯真爱情、多彩生活和美满婚姻，更多的是关注与个人健康和幸福有关的问题，而与国家和社会层面有关的价值目标，如国家富强、社会稳定、奉献社会等则排到了第 10 位以后，表明当代大学生更关注小我价值目标而不是大我价值目标，这有别于 20 世纪末的大学生。

（二）学习方式的自主化

进入后大众化阶段，大学生原有的学习方式发生了跨越式的变化，他们拥有更多个性化选择的权利，可以自主选择学习时间，可以休学创业、参军入伍、出国交流、提前毕业等。学习的途径也不再局限于传统的课堂学习。通过网络完成学习任务的比例必将逐步提高。近年来，各种网络学习平台如雨后春笋般兴起，以"慕课"为代表的网络教育，使跨学校、跨区域甚至跨国家的教育方式成为可能，拓展和丰富了大学生的学习渠道，更方便了学生的自主学习。学习时间也不再是标准的 4 年，可以是 3 年或更长的时间，学生何时开始学习、学习多长时间都可以根据个人情况灵活掌握。例如，西北大学全面施行"完全学分制"，2018级新生学习年限变为3~6年，在校期间可享受专业自主选择机制，可定制个性化学习计划，自由选择学习专业、课程、教师。

（三）生源结构的多样化

在精英和大众化教育阶段，绝大多数大学生的年龄相当，学习经历相当，多是完成中等教育后进入高等教育，基本没有工作经历。进入后大众化阶段，这种情况发生了巨大改变，大学生的学前经历不再是精英和大众化教育阶段那样单纯的学校教育历程，他们学习经历的个性化更加明显，生源结构更加多元、复杂。大学生源拓宽至各类往届毕业生、休学创业、退伍复学、具有各类中学毕业资格的成年人甚至老年人，非传统生源的年龄跨度将明显大于传统生源，生源结构呈现出多样化的趋势。

（四）生活方式的网络化

当代大学生可以说是"衔着鼠标出生的一代"，他们对互联网的接受与依赖程度远远超过以往任何一代大学生。根据中国互联网络信息中心发布的第52次《中国互联网络发展状况统计报告》，截至2023年6月，我国网民规模为10.79亿。快速发展的信息技术、低廉的价格和遍布校园的网络为大学生随时随地上网提供了极大方便，且大学生每天上网时长呈现逐年增加的趋势。网络已经融入了大学生获取信息、人际交往、消费等生活的各个方面，成为大学生的主要信息来源、新的精神寄托和日常生活重心。

二、高校学生教育管理工作存在的问题

（一）重视目标管理，轻视过程管理

在学生教育管理中实行目标管理能调动学生组织、学生干部和学生的积极性、主动性和创造性，有利于培养学生的责任意识，目标管理在高校学生教

育管理中得到了广泛应用。但是,各高校在学生目标管理过程中,学校与学校各职能部门,各职能部门与二级学院,二级学院与辅导员甚至学生组织之间层层制定目标,使得管理者将工作重心更多地放在了目标的实现上,而忽视了对学生成长过程的关注。目标管理重视结果,强调自主、自治和自觉,这种管理模式在精英乃至大众化教育阶段有着非常积极的作用,但在后大众化教育阶段,由于招生制度改革,教育教学内容和人才培养方式的改革,学制的改革以及学生特点和社会环境的巨大变化,重视目标管理、轻视过程管理的管理模式已经无法适应学生培养的需求。

(二)重视共性教育,轻视个性培养

高校的学生教育管理重视共性教育、轻视个性培养表现在三个方面:一是过分追求整齐划一。统一的教育培养目标、统一的教育方式、统一的教育内容扼杀了学生的想象力和创造力,使学生的思维方式、知识结构等雷同,无个性可言。二是对学生的评价方法简单。高校对学生的评价以知识评价为主,简单地以学科成绩作为评价内容,以班级或年级为评价单位,并以该群体的他者为评价中心,忽视了学生历史性的、纵向的自我提升,忽视了学生个体差异,不利于学生发展性品质的提升。三是学生应有的权利没有得到尊重和保障。高校大多以各类刚性的规章制度、奖励和惩罚、综合测评等措施对学生进行规范教育管理,而在此过程中,学生作为教育对象没有参与制定规范的机会和权利,仅仅是简单的被执行者。

(三)重视专业教师队伍建设,轻视辅导员队伍建设

专业教师对一所大学的作用不言而喻,尤其是"双一流"建设背景下,专业教师的作用尤为凸显。因此,高校都非常重视专业教师队伍建设,从人、财、物等各方面予以大力支持。而与此相反的是辅导员队伍建设却并未受到足够重视:一是数量不足。教育部要求高校设置辅导员的师生比不得低于

1：200，但是，很多高校尤其是地方高校远远达不到此标准。二是政策执行不到位。中共中央、国务院和教育部为加强辅导员队伍建设，出台了完善的政策体系，但是，高校在制定内部政策时往往把大量的资源投向学科建设、办学规模、科学研究等部门，却对辅导员队伍建设政策执行不到位。辅导员队伍建设政策执行的督导检查或测评结果与教育资源配置少有关联，导致辅导员队伍建设政策执行的权威资源运用不足，缺乏刚性制约。三是待遇低，任务重。突出表现在职称评聘、职务晋升和收入等方面不如同期进校的教师，从而导致了辅导员工作上的积极性不足，而又因整天忙于事务性工作，一定程度降低了职业认同感。

（四）重视管理工作，轻视服务工作

对学生依法进行管理，是高校应有的职责，也是依法治校的重要内容。高校历来重视学生管理工作，机构健全，管理制度严格，但是，对学生的教育管理往往是自上而下的、绝对权威的信息灌输，在事关学生政策的制定和执行过程中，管理者总是处于管理的中心，管理方法简单、粗放，很少真正和学生沟通，认真听取意见。虽然高校也时常强调"服务育人"的理念，但总是说得多、做得少，更多的还是以管理代替服务，没有真正把解决思想问题与解决实际问题相联系。尤其在个性化服务方面还存在不小的差距，体现在不尊重教育对象的差异性，对不同教育对象实施相同的教育管理方案和激励机制等，从而无法调动教育对象的积极性。

三、大学生教育管理方式的转变

（一）管理理念：从目标管理到过程管理

过程管理是现代组织管理学中的一个基本概念，过程管理理论认为，不能只盯着目标向结果要质量，更应该关注产品生产的每一环节与每一过程。

对大学生教育管理而言,过程管理需要注意以下两个方面:一是学生培养目标的准确定位。即根据学生特点,制定符合其自身发展特点的总目标和为实现这一总目标的各阶段小目标。当前,各高校多在全国范围内招生,由于学生成长背景不同,素质差异较大,学生的成长期望值也不一样,因此,在制定具体培养目标时应做到因人而异。二是适时进行过程指导。即根据大学生的特点,不只关注其成才结果,更关注其成长过程,通过有针对性的教育指导和过程评价,形成阶段性目标评价和信息的及时反馈相结合的目标评价体系,达到预期培养目标。

(二)管理方法:从集中统一到个性发展

与精英和大众化时代相比,后大众化时代,学生个体的差异性更大,高校必须改变过去过于强调集中统一的管理模式,真正做到"以生为本"。一是要真正尊重学生的个性发展,充分发挥其主动性和创造性,使其变被动学习为主动学习,着力培育其主体意识、怀疑精神、批判思维和创新精神等,从而激发学生独特的聪明才智和创造能力。二是要尊重个体的差异,确立多元化的培养目标,力求对学生进行多维度评价,构建有利于个性发展的评价机制。要重视和了解学生的入学动机、学习目的和学习需求,根据办学定位因材施教,着力培养学生的综合能力和创新精神。三是要保障学生应有的权利,如获得奖学金、贷学金以及助学金的权利,公正评价权,知情权和申诉权等基本权利,保障学生参与学校治理的权利以及其自主选择权利。

(三)管理重心:从管理育人到服务育人

在国内,一谈到服务育人,人们很习惯地认为这是后勤保障部门的事。事实上,服务育人是学生教育管理者的重要工作内容。在美国,大学学生事务管理的内容十分丰富,不仅包括常规的后勤保障与帮扶工作,而且许多服务内容是针对需要帮助的学生量身定做的,细致、周到、具体,温馨、灵活、管用,深受学生欢迎。英国的学生事务管理部门弱化"管理"的概念,把学生当"顾客",围绕着"顾客"的需求提供他们所需要的"服务"。当前,管理者要切实转变工作重心,将以"管"为主变成以服务为主。一是要树立以学生为中心,为学生发展提供优质服务的理念,构建全方位的学生服务体系,提供丰富多元的服务内容,满足不同学生合理的个性化需求。二是要建设一支热心为学生服务、高效精干、敬业奉献的专业化队伍,切实落实中共中央、国务院2016年印发的《关于加强和改进新形势下高校思想政治工作的意见》精神,关心队伍建设,确保优秀人才进得来,留得住,发展得好。三是加强硬件建设,为服务好学生提供可靠的物质保障。例如,提供良好的学习环境、生活环境、体育设施,设立"一站式"服务大厅等,为学生提供及时便捷的服务,真正让服务育人落到实处,让学生在潜移默化中受到教育。

(四)管理手段:从单向灌输到多元互动

当代大学生个性张扬、渴求表达,对于单向的教育管理权威具有本能的反叛,对学生的单向灌输必须变为多元互动:一是在各类规章制度、奖惩措施的制定上要根据教育部要求,做到与学生互动,尊重学生的主体地位和主观能动性,充分反映学生意愿和汇集学生智慧。二是在与学生的交流沟通方式上要多元互动。学生教育管理要适应形势的变化,不断推陈出新,要用学生喜闻乐见的形式、途径进行沟通。三是管理过程的多元互动。当代教育管理过程就好像是一张立体互动的网络,由一个个的网结组成,而这一管理过程中的管理者、被管理对象、管理上下级及其他各层的任何一方都是该网络中的一个网结,所有网结间都要有互动沟通关系和沟通过程。这种互动过程,可以有效调动管理各方的力量,将各方融为一体,使彼此都成为管理的主人、参与者和完成者。

第二节　新公共服务大学生教育管理

新公共服务理论所强调的是以服务公民为核心基础的社会公共利益，追求的是人的价值、对人的尊重和公民的权力问题，重视的是在市场和经济学范畴下带来的社会公共行政的理念和实践，其理论将对学生教育管理有着积极的启示，为大学生教育管理提供了新的视角和方法。新公共服务理论的应用将有利于改变学生管理原有的制度化、程式化的弊端，有利于调动大学生的主观能动性及创新创造性，有利于凸显高校学生教育管理过程中学生的尊严、价值和权利问题。

我国现行高等教育管理体制是在计划经济体制下建立起来的一种"行政管理体制"，随着社会的快速发展和体制的不断完善，当代高校大学生的教育管理实现参与主体多元化、教育过程人性化、教育管理手段现代化势在必行。本节基于新公共服务的理论及策略来探讨我国当代高校大学生教育管理工作，以改变传统的教育管理方式方法、提高教育管理的实际效果。

一、新公共服务理论的基本内涵

20世纪七八十年代，新公共管理理论产生以后，成为当时社会公共行政领域最为重要、最引人关注的理论，但在具体应用过程中，以罗伯特·丹哈特为代表的一批美国公共管理学家对公共管理理论的模式，以及它所倡导的管理者角色逐渐产生担忧和怀疑，在对新公共管理理论进行深刻反思之后，提出了一个新的理论——新公共服务理论。新公共服务理论是在原有的公共管理理论基础上进行的完善，提出了很多创新性的观点和方法，它成为后公共行政理论的主要内容。新公共服务理论强调的人的价值、社会效能和公共利益，给管理科学界提供了一个全新的视角。新公共服务理论学术视野宽阔、理论创新独到，自新公共服务理论面世之后，便在理论界、公共行政业界产生了深远而广泛的影响。从价值角度看，新公共服务理论将公共行政治理系统中的核心定位在公民的公民权和公共利益上，摒弃了"效率优先"的基本准则，为现代公共行政指明了新的发展方向。新公共服务理论的具体内容大致可分为4个方面。

其一，新公共服务理论认为，政府与公民之间的关系，不同于市场经济体系下的企业与顾客之间的关系。其公共行政的对象是公共行政直接面对的"公民"，决不能把公民当成"顾客"，一味地回应并满足"顾客"的需求，而应去建立"公民"间的合作与相互联系。其公共行政的方式是服务，更强调的是服务于公民，而且是为公民提供优质的服务。新公共服务理论核心是社会公民的共同利益，而不是指每一个公民利益的简单相加。公共行政所关注的重点是公民以及在公民间所构建的合作和信任关系，开创的是公民通力合作的新局面。

其二，新公共服务理论认为，公共行政重要的是公民权，目标是社会公共利益，且公民权和社会公共利益都要一并纳入社会整体发展去考虑。传统的公共行政主要靠的是官僚专长，新公共管理理论的公共行政更加注重企业家精神，新公共服务理论的公共行政更加强调的是公民权，三者截然不同。新公共服务理论还认为，充分展示社会公共利益是文明社会的应有标志，作为一名管理者需要把公共利益作为自己立身行事的出发点，绝不能忽视公民的基本权利，要求最大限度地增强公民的民主治理和政策参与等各方面能力。实现公共利益需要有一个共同的价值理念，使分散的个体在大家均已认同、并已化为自觉行动的公共价值观影响下形成一个社会共同体，同时需要社会成员承担起社会的共同责任，最终实现社会的公共利益共享，继而使社会公共性和凝聚性得到更好的发展。推进并实现社会公共利益的过程，一定要与大家所遵循的价值标准充分结合，形成浓厚的公民公共意识，进而促进公民共同参与公共事务,实现公共行政效率最大化。

其三,新公共服务理论的公共行政主要任务是服务,强调的社会服务和社会公共性的推动,体现的是公共性和服务性。可以讲,服务是公共行政的主要任务,社会公共性的推动是其主要责任。公共行政服务必须考虑社会更好地发展如何通过公民权的强化来推进,如何通过构建公共价值来统一公民共同利益集体行动。政府是服务而不是去把控社会发展,这是新公共服务理论特别强调的内容。尽管政府在过去公共行政过程中,在把控社会发展方面发挥了非常重要的作用,但随着社会发展,首先从公共政策的制定过程来看也变得非常复杂,它是不同利益群体、不同利益集团之间相互作用的结果。基于共同价值的政府要整合并明确表达公民的公共利益,努力帮助公民实现公共利益,政府行政官员是为公民服务的公仆,是以公民授权的方式,共享权力并努力组织实施。他们不应也不再享有特权,应是社会各类组织、社会团体公共利益的代表,代表社会公民行使相关职能。

其四,新公共服务理论把人的主体地位放在首位,突出了"人"的价值主体性。通过公共行政的正向引导,通过公民所形成的共同的价值观,使得单一社会个体相互形成关联,形成一个具有强大凝聚力、关系非常紧密、具有共同价值取向的社会共同体。

以罗伯特·丹哈特为代表的美国公共管理学家在探讨管理和组织时提出的新公共服务理论的七大原则中,强调要"重视人而不只是生产率",强调要"服务而非掌舵"。因此,新公共服务理论家十分强调"发挥公民的主体地位、强调人的主体价值性,强调通过人来进行管理"的重要性。新公共服务理论认为,公共管理者在其管理公共组织和执行公共政策时应该集中于承担为公民服务和向公民放权、调动公民的主体性的职责,他们的工作重点既不应该是为政府航船掌舵,也不应该是为其划桨,而应该是建立一些明显具有完善整合力和回应力的公共机构。

其实，公民才是一个多重的角色，他们既是公共财政的主要供给者，也是公共服务的接受者，同时也是各种生活的参与者和公共利益实现的监督者。真正确立了公民在公共领域的主体性地位，那么公民不再是"顾客"，而真正变成公共领域真实的参与者。从这个意义上讲，公共服务理论需要的是多元的参与方来重构社会管理服务体系，未来政府的角色也将不再是主导型的，而是一个非常重要的参与方。

二、新公共服务理论对高校学生教育管理工作的启示

（一）构建多元主体、共同参与的学生管理机制

新公共服务理论，一是强调参与，要充分调动社会个体参与社会公共事务的积极性；二是强调公共，强调公共组织一定要尊重人，强调共同合作、共同领导，这样成功的可能性更大。目前，引导学生的态度和价值观、唤起学生的主体能动性是当代高校教育管理的首要职能，它关系到学生、教师、学校三者相互配合的程度，最终关系到学校教育的效果，关系到学校培养目标能否实现。构建多元参与的机制首要的是让师生能够享有制定学校政策的权利，共享学校政策的红利。目前，为增加学校内部院系办学自主权，很多高校推行了三级管理模式，但学校的核心政策的制定以及办学核心权力仍然集中在管理层手中。这看似是在改革高校管理模式，下放权力，增强二级单位办学自主权，实际上只是换换形式而已。一方面，很容易滋生腐败，另一方面也容易抑制广大学生的主动性和积极性。因此，只有借鉴新公共服务理论观点，在学生教育管理方面，从政策的制定，到具体工作的措施，都必须有广大师生积极的共同参与，才能取得应有的效果。

（二）确立以人为本、服务为先的学生管理理念

公共行政的理论和实践都是建立在对人的基本预计的基础上，而公共行

政理论及其实践模式的基本内容往往取决于人的行为及其内在动因。新公共服务理论中强调的以人为本的服务理念,能使单一的个体融入其他个体、最终形成紧密关联的社会共同体,其公共价值在公民社会中具有普遍性。在大学生教育管理中,新公共服务的实质不是管理而是服务。它作为一项公共服务行为,必须立足"以学生为本",才能在教育过程中全面地培养和发展大学生的素质。当前,在大学生的教育管理中,对于我们教育的对象要体现人性化,首要的是要把学生当"人"看。这里说的"人",有两层含义:一是人性意义上的人,让他们在学习过程中,能够体会到人性的丰富,体会到做人的尊严与快乐,让他们在接受教育的过程中享有应该享有的东西,得到应有的发展。二是个性的发展,要把学生当成独特的个体,让他们将最好的禀赋充分发挥出来,得到成长,得到更好的发展。在教育管理过程中,更要强调服务,体现学生的主体地位,为学生提供优良的环境、优质的服务,为他们的成长、成才服务。因此,只有树立并践行以人为本、服务为先的理念,才能激发学生的内在潜力和创新精神,才能最终更好地实现高校的育人功能。

(三)强化教育根本使命及社会责任意识

新公共服务理论认为,公共服务人员既要关注公民,更要关注宪法、法律法规、政治规矩、职业标准,追求公共利益,行政过程不享有任何特权,更多的是要承担责任,这种责任受宪法、法律法规、价值标准、职业规范、政治规矩的规范和限制。高校的根本目的是培养人,培养社会所需要的创新、创造性人才,培养社会主义事业建设者和接班人。大学生教育管理者本身就理应承担宪法、教育法、高等教育法以及教师职业道德所要求的培养人的责任。在教育管理过程中,不应拿着管理者的权力发号施令,而应在管理工作中处处体现以生为本的理念,为学生服务的宗旨,在学生教育管理过程中努力形成学生们共同遵守并内化为自觉行动的共同价值,追求学生共同利益,即使得人性得以解放，个性得以彰显，身心得以愉悦，能力得以增强，创新精神得以形成，整体素质得以提高。因此，学生管理作为一项公共服务行为，承担应该承担的社会责任是高校学生教育管理的应有之义。

三、新公共服务视角下大学生教育管理的实施策略

（一）建立健全民主的学生教育管理制度，充分发挥制度的导向作用，促进学生主体性的发挥

正如登哈特所言，参与本身也是一种价值。新公共服务理论认为，当前我国高校大学生教育管理存在的主要问题是过于硬性的制度化管理，而且在所有制度制定的过程中，作为执行制度的主体自始至终未能介入其中，对有些不能认同的规定措施容易产生排斥和抵触的情绪。高校教育管理应把精力集中在培育学生积极参与学校公共事务上来，从学生相关制度的制定开始，广泛听取广大学生意见，培养学生主体精神与社会公共责任，建立起互相尊重、信任和平等的平台，从而实现民主化的管理模式。搭建广泛的对话平台进行双向沟通，建立广大学生与学校领导、与学校职能部门负责人之间的信息畅通机制，定期开展对话交流，认真对待学生的意见和建议，及时回应学生提出的各种问题，使管理者与被管理者能相互理解、相互支持，提高管理工作成效。在当前的互联网时代，高校教育管理者应着重建设好本校的网站、论坛等，创造便利条件方便全校师生民主参与公共事务，确立以学生为主体的利益最大化的公共决策，有效促进高校教育管理由决策管理型向公共服务型转变。

（二）采用多元化的责任平衡手段，构建大学生教育的责任体系

在责任问题上，新公共服务理论强调政府和行政人员的公共责任，认为新公共管理理论和传统的公共行政，对政府的责任都过于简单化，认为政府

不应仅仅关注市场,更要关注宪法、法律、条例,要关注社区价值观,关注公民权及公民公共利益,政府行政人员也应按照法律法规,以公民公共利益为考量为公民提供优质的公共服务,政府和行政人员应该定位为公共利益的服务者和引导者。新形势下高校呈现文化多元、招生多元、课程设置多元、学生管理模式多元的态势,在学生教育管理方面必须采取多元化的责任平衡手段,构建大学生教育管理的责任体系。首先,学校管理层应当按照法规条款的规定,依法推进高校教育体制的改革。其次,对大学生的教育管理应当严格按照中共中央、国务院《关于进一步加强和改进大学生思想政治教育的意见》(2004年)和教育部《普通高等学校学生管理规定》(2017年)执行。最后,学生教育管理者要依法依规履行职责,围绕实现学生的公共利益为其提供服务。

(三)构筑共同的价值理念,使大学生在共同价值理念的影响下自觉成才

新公共服务理论中强调的是公共性、共同体,而共同体的建立需要一个大家都能认同的、并能自觉遵守的共同价值,这样才能在共同价值影响下形成一个紧密的共同体。中国经历了40多年的改革开放,经济关系的变革、社会机构的变动、利益格局的调整,冲击着人们的思想观念,整个社会呈现价值多元的趋势,此时急需形成一个符合当今中国经济社会发展的共同的价值体系,继而重塑当今大学生的价值认同。而社会主义核心价值观正是在这种形势下应运而生的,社会主义核心价值观是全人类共同价值在中国的集中体现和高度发展。因此,我们要让社会主义核心价值观在大学生心中生根发芽,让大学生们在社会主义核心价值观的影响下,自觉行动起来,健全人格,提升素养,增强本领,为实现伟大的"中国梦"做出贡献。

综上所述,新公共服务理论重视公民权,强调人的价值、社会效能和公共

利益。在新公共服务理论视角下的大学生教育管理首先应确立以人为本、服务为先的理念,在具体实践过程中,制定一个有广大学生参与的、科学人性化的管理制度,创建一个优良的教育环境、提供优质的温馨服务,并在共同价值理念的引领下,实现高校大学生的全面发展。

第三节　传统文化与大学生教育管理

作为高校的教育工作者,有责任有义务让大学生客观正确认识中外两种文化,全面深刻理解中华优秀传统文化对于自身道德建设和国家文化建设的深远意义,做出自己应有的贡献。

一、当代大学生继承中华优秀传统文化的精神内涵

中华民族拥有五千年浩瀚灿烂的历史,凝练出宝贵的优秀传统文化。发展到 21 世纪的今天,这种优秀文化并没有不合时宜,仍然拥有与时俱进的蓬勃活力。以此为依托,能够培养大学生的文化认同感,增强大学生的文化自信,推进大学教育积极完善发展。

(一)以爱国主义的美好情怀对待家国

在我国漫长悠久的历史发展进程中,爱国主义的美好情怀是生生不息的发展源泉。例如,"路漫漫其修远兮,吾将上下而求索",这种为家国不懈探索的努力实践;"富贵不能淫,贫贱不能移,威武不能屈",这种为理想宁折不弯的磊落气节;崇尚仁义,厚德载物,这种朴素厚重的宽广情操;"安得广厦千万间,大庇天下寒士俱欢颜",这种先人后己,先大国后小家的博大胸襟;等等。爱国主义精神是我们优秀传统文化的重要情结,这种自古传承的家国情怀正是当代大学生应大力倡导并努力践行的重要方面。

（二）以持中和谐的平等精神处理与他人、与外界的关系

在优秀传统文化中，持中和谐的精神主要体现在对待他人和对待外界这两个环节。首先是对待他人，比如，"己欲立而立人，己欲达而达人""己所不欲，勿施于人"等，这种以仁爱为思想基础奠定出和谐美好的人际关系，这种贵和持中的平等精神和团队意识，对当代大学生正确对待他人，妥善处理人与人之间的关系有着不容忽视的重要指导价值。其次是对待外界，我国的古圣先贤很早就开始探索人类个体与社会、自然的相处模式。老子言："人法地，地法天，天法道，道法自然。"① 庄子云："天地与我并生，而万物与我为一。"② 他们努力追求的是天人合一，是人与社会、人与自然的和谐相处。这种思想一脉传承到今天，给当今高校大学生思想政治教育工作带来了无穷动力和良好方向，引导大学生汲取这些智慧精神，逐步养成并牢固践行人与自然、人与社会和谐相处的可持续发展理念。

（三）以尽善尽美的优秀修养加强自身个体的道德建设

我国优秀的古代文化典籍之一《大学》中说："欲治其国者，先齐其家；欲齐其家者，先修其身；欲修其身者，先正其心。③" 可见，修身修德，加强自身个体的道德建设，自古至今都是我们中华民族不懈努力的实践。当代大学生要加强自身个体的道德建设，培养高尚的道德情操和优秀的职业操守，就需要慎独，即严于律己的自律，也更要自省，即加强修养的自觉。当代大学生才能将外在的种种道德规范和层层道德束缚，自发自觉地转化为内在的道德自律和自省，并进一步努力实践，真正做到自觉的道德践行。

---

① 老子．道德经全集：第 1 册［M］．北京：北京联合出版公司，2017.
② 庄子；夏国强校注．庄子［M］．武汉：长江文艺出版社，2020.
③ 曾子；东篱子译注．大学［M］．北京：北京时代华文书局，2014.

二、对大学生开展中华优秀传统文化教育的现代意义

我们正处于实现中华民族伟大复兴中国梦的建设事业中,高校对大学生开展中华优秀传统文化教育,培养大学生的传统文化归属感和优秀文化自信,一方面具有追根溯源的历史意义,另一方面更具备继往开来的深远战略意义。

（一）有利于增强大学生的民族归属感和文化自信

一个民族的核心和灵魂,我们称为民族精神,民族精神渗透于民族发展的始终,它打造了一个民族最基本的风貌,塑造出一个民族最深邃的品格。一个民族若想代代传承,生生不息,民族精神所传递出的团结向心、上下凝聚、自立自强等因素具有无可比拟的重要力量。例如,"克己奉公、忧国忧民"的家国情怀;上下求索、百折不挠的人生态度;"先天下之忧而忧,后天下之乐而乐"的宽广胸襟,都是我们应该汲取的宝贵财富。高校只有借助优秀传统文化的魅力,依靠优秀传统文化的力量,才能更好培养学生情感,塑造学生灵魂,让大学生从中升华出踏实坚固并伴随终身的民族自尊心、家国归属感和文化自信。

（二）有利于培养并提升大学生的思想政治素质

现在,很多高校在大学生思想政治教育工作中,都不约而同地追溯优秀传统文化,从中汲取养分,寻找优秀传统文化与当代社会文明建设的契合点,同时也在不断与时俱进,在市场经济的浪潮中,帮助大学生踩稳脚下思想政治素质的基石。首先是大力弘扬爱国主义、集体主义精神。如"国家兴亡,匹夫有责"、舍生取义等,都是爱国精神和集体主义的鲜明体现,也是大学生热爱家国的力量源泉。其次是大力弘扬平等仁爱的精神,帮助大学生构建融洽和谐的人际关系。优秀传统文化中所倡导的入孝出悌、尊师敬亲、谦逊礼让、

虚怀若谷等美好情感，既是当代大学生修身养性应该具备的重要素质，又是当代大学生和谐相处应该掌握的基本能力。最后是大力弘扬脚踏实地，自强不息的精神。当代大学生要想立足社会，成就自我，这种精神亦是应该具备的不可或缺的重要因素。

三、推进大学生中华优秀传统文化教育的有效途径

当代大学生是中华民族伟大复兴的担负者，国家全面发展的建设者。为了更好地完成这些历史使命，大学生自然也成为中华优秀传统文化坚定不移的继承者、与时俱进的创造者、砥砺前行的倡导者。

（一）立足学生自身，充分发挥高校在大学生认识和传承中华优秀传统文化中的激励作用

良好的文化环境对人意识的形成和思想的提升起了润物无声、潜移默化的作用。教育工作者要立足高校这一文化主阵地，积极营造氛围浓厚、健康向上的校园文化环境，激发大学生认识和传承优秀传统文化的热情，从而真正培养出大学生良好的文化底蕴和深厚的文化内涵，可以从两个方面着手实施。一方面充分发挥思想政治教育工作的作用，借助高校课堂认识并传承优秀传统文化。老师要将优秀传统文化的精华以丰富多样的教育技巧和图文并茂的生动案例融入课堂教学，全面激发大学生的学习兴趣和热情。同时教育者应借助教育思想的丰厚性和教育内容的文化性，以科学的教育手段确保学习成效，塑造出一名新时代的大学生应该具备的优秀的文化人格。另一方面，结合不同的专业特点，实现专业与优秀传统文化的有机融合。社会的前进，既需要人文情怀的烛照，又需要科学技术的推动，人文情怀和科学技术是推进人类社会发展的两股重要力量，但这两股力量并非背道而驰，而是可以有机融合的。教育工作者结合高校不同专业的特点，在人才培养方案的制订、

课程内容的选编等方面将两者有机结合，提升学生的职业素养，升华学生的道德情操。

（二）立足学生家庭，充分发挥家庭在大学生认识和传承中华优秀传统文化中的辅助作用

古人云："修身、齐家、治国、平天下。"在这层层递进、环环相扣的人生成长和发展轨迹中，家庭在其中担负了不可替代的重要辅助作用。作为新时代的大学生，面对各类方便快捷的学习方式，应该大胆走出课堂，积极深入开展社会实践，有目的有意识地去发现、挖掘乡土文化中的优秀情感，收集整理地方民族中的传统文化资源，以自己的亲身经历和感同身受加强对家乡优秀传统文化的全面了解和深刻认识，培养出对其深厚的、无法泯灭的真切情感，并在学习实践和未来工作中，使之成为热爱家乡，建设家园以及文化坚守的强大动力。比起高校，个体家庭作为社会的一个因子，是学生成长发展的第一所学校。自然，家庭在传播知识文化、规范生活行为、塑造人格精神等方面，有着不可推卸的责任。温暖和谐的家庭氛围、朴实丰厚的文化环境都可以以心理暗示、积极感染、榜样效仿等有效形式日复一日影响着其子女，在塑造子女的道德品质、精神人格等方面起到积极强大的助力作用。所以，学校要鼓励家长参与孩子的成长。同时，家长自身也要不断学习，充实自我，融会贯通，积极践行中华优秀传统文化，成为孩子学习效仿的榜样，让孩子也成为优秀传统文化的践行者。

（三）立足社会环境，充分发挥主观能动性在大学生认识和传承中华优秀传统文化中的引领作用

首先，我们一直提倡传承弘扬中华优秀传统文化，并非不加思辨地一味排斥所有外来文化，而是主动借鉴。我们一直倡导的学习借鉴外来文化，并非不经取舍地一味拿来，不能是良莠不分地照搬，盲目效仿地照抄，更不能是

丢掉民族自豪感,放下民族自尊心,丧失文化自信,抛弃中华优秀传统文化之后的一味全面迎合外来文化。应该是辩证思考,批判借鉴,融百家精华,纳百家所长,全面促进文化的丰富发展。其次,对待民族文化,保有中华优秀传统文化特色的同时,更要创新推进,永葆文化的新鲜和活力。面对不同文化之间的不断交流与冲击,大学生要坚持中华优秀传统文化的自主传承,塑造对民族文化的强烈认同感,培养对外来文化的理性客观态度,理解对待文化交流,主动学习外来文化的优秀成果并为我所用,最终传承并创新优秀传统文化,永葆中华优秀传统文化的勃勃生机。

第四节　从严从实做好大学生教育管理服务

一、牢固树立服务大学生成长成才的基本理念

对于高等学校来说,立德树人是学校的根本任务,人才培养是学校的中心工作,这是学校最大的"实际"。学校的教学、科研、管理各项工作都要围绕这个"实际"来开展,学校的干部教师、教职员工都要为这个"实际"服务,学生工作干部想问题、办事情都要以这个"实际"为出发点和立足点。

(一)将全心全意服务大学生的成长成才作为工作的基本定位

理论是实践的指南,认识是行动的先导。正确把握工作的基本定位,是谋事创业的基础和前提。高校学生工作涵盖教育、管理、服务等多个领域,包括思想政治教育、心理健康指导、就业指导、行为管理、党团组织建设等多方面工作,无论是思想引领还是事务管理,其核心都是完成党和国家赋予的根本任务,本质是服务学生成长成才。由此,学生工作干部要以服务大学生成长成才为中心,实现工作理念的确立和方式方法的完善。同时需在精神状态、

事业心和责任感方面下功夫，树立正确的事业观和政绩观，在谋划工作时以服务为着眼点，从大学生的成长成才实际出发。唯有如此，才能推动学生工作蹄疾步稳、健康发展。

（二）将大学生满意度和受益率作为衡量工作成效的根本标准

学生工作是为学生的成长成才服务的，服务质量高不高，服务效果好不好，必然要由服务对象来评判。同理，学生工作干部的工作成绩如何，要以大学生的满意度和受益率为衡量标准。学生工作干部工作在教育管理服务一线，要懂得学生需要什么，盼望什么，把学生的诉求当作谋事创业的核心内容，把学生的所思所盼当作谋事创业的关键要素，求真务实、戒浮戒虚，把精力集中到最需要、最管用的、取得实效的地方。尤其是着力解决好学生最关心、最现实的问题，下大力气解决好学生不满意、反映最强烈的突出问题，多做雪中送炭的事情，这样学生就会满意，工作就会取得成效。

（三）让从严从实成为学生工作的新常态

"三严三实"是全党上下凝聚党心民心的行动指南，是谋事之道、成事之基。学生工作内容广泛、任务繁重，事关党的教育方针的落实，人才培养目标的实现，事关每一名学生的成长成才。学生工作干部作为学生教育管理服务工作的具体组织者、实施者，必须将"三严三实"作为根本要求贯穿于各项工作中，把纪律和规矩挺在前面，成为手中的标尺，随时丈量自己的所思所想、所作所为，提醒自己时刻保持严谨的作风、严正的形象；把求真务实作为毕生恪守的行为准则和人生追求，在心里始终装着一杆秤，随时衡量工作中的虚与实、浮与沉、利与害，不受虚言，不听浮术，不采华名，不兴伪事，跟学生谈实情，讲实话，为学生办实事、求实效，让从严从实成为各项工作的新常态。

二、构建以回应大学生发展诉求为核心的工作格局

综合社会发展趋势和个体成长成才规律的相关研究表明，新时期大学生发展诉求主要体现在以下方面：以学习为中心，既重视全面发展，又注意创新创造，具有基础厚、方向宽、特色新三个特点，符合坚持学习、思考与修养并重，坚持传承、创新与实践结合，坚持基础、专业与特长协调，坚持知识、能力与素质统一四个要求。学生工作应当以积极回应学生的发展诉求为核心，完善工作体系，构建以服务学习为主要切入点的工作格局。

（一）坚持以服务大学生的学习为中心

学习是学生的天职。特别是大学阶段，学习是学生实现全面发展、顺利走向社会的重要基础。学生工作要把主要精力放在服务学生的学习上，把教育管理服务的重心放到为学生创造好的学习环境、营造好的学习氛围、解决学习中遇到的困难上。

（二）将"从严治学、以仁爱生"作为工作的基本原则

"从严治学"即"严"字当头抓学风。学生工作干部要和任课教师一起承担起学风建设的责任，通过严明学习规章、严格学术规范、严肃考风考纪，进一步完善导向激励机制，培育起良好的学习风气。"以仁爱生"就是要以"仁"为本，用"仁"爱之心，给学生以深切关怀。学生工作的"仁"主要体现在"用心服务，落实责任"上。学生工作干部尤其是辅导员要经常进课堂、进宿舍、进操场、进网络，与学生亲密接触、深入交流，及时掌握学生学习、思想动态，了解他们的所思所盼，帮助其解决实际困难。

（三）切实履行好"教育、管理、服务"职责

随着高等教育大众化进程不断发展，特别是新形势下国家对人才培养提出了更高要求，学生工作在立德树人工作中的地位日益凸显，职能进一步拓

展。一个突出表现是"服务学生成长成才"已经成为一项重要职责,并与教育、管理一起构成学生工作的三个基本模块。

大学生思想政治教育事关社会主义办学方向,事关全面贯彻党的教育方针,事关中国特色社会主义事业后继有人。这是学生工作干部的首要职责,是学生工作体系中一项核心性工作。伴随形势不断发展变化,当前大学生思想政治教育要注意利用校内外多种资源,进一步拓展育人平台,丰富教育载体,在提高针对性、实效性上下功夫。没有规矩,不成方圆。大学生正处在世界观、人生观和价值观形成、发展、完善的重要时期,学生管理工作既要重视思想引导,又要重视行为约束,既要靠制度管人,更要靠目标激励人。要充分运用好综合评价这个杠杆,从大学生成长成才诉求出发,通过设置荣誉体系,完善奖惩机制,引导大学生在思想道德修养、业务学习成绩、科技创新实践、文化艺术特长、身心健康表现、组织管理服务等领域创先争优、做出成绩。做好服务是学生工作的重要职责。学生工作干部要牢固树立"全心全意服务学生成长成才"的工作理念,既要服务好大学生的学习创新、身心健康、素质和能力提升、就业与创业等多种需要,还要当好大学生权益的维护者、代言人,当好大学生相关事务的推动者、协调人,推动学校相关部门为大学生成长成才提供更优质、更高效的服务。

(四)将人格培育、身心健康、集体教育、就业指导等作为工作着力点

第一,人格培育。人格完善是每个社会成员的共同目标,大学生处在人格不断完善的阶段,开展大学生人格培育既有其自身的迫切需要,也是社会发展的必然要求。学生工作干部应该努力为大学生提升人格素养营造良好环境,搭建丰富平台,并针对学生个体需求,提供有针对性的指导和支持。

第二,身心健康。大学生身心健康是一个国家综合国力的客观反映,是

现代化建设的关键因素，是一个民族兴旺发达的重要标志。全国学生体质与健康调查报告显示，身心素质下滑问题日益威胁大学生的成长成才。身体状况和心理状况互为表里、互相促进，促进大学生的身心健康应该成为学生工作的重点。

第三，集体教育。加强大学生集体教育是由我国的社会制度决定的，是增强民族凝聚力、迎接国际竞争挑战的需要。随着全球化、网络化和市场化的发展，大学生集体主义教育面临前所未有的挑战。学生工作干部要高度重视大学生集体主义教育，充分利用班集体这一有利平台，充分发挥共青团、学生社团的组织优势，努力构建班级与社团结合、教师引导与学生自主结合、传统方法与现代技术结合的工作机制，不断增强集体主义教育的有效性。

第四，就业指导。当前大学生就业工作越来越受到国家和社会各界的高度关注，加强就业指导日益成为学生工作的重要职责。学生工作干部在工作中要注重五个着眼点。一是尊重学生意愿，把工作精力放在帮助有就业诉求学生的顺利就业上。二是提升就业层次，通过多方努力为学生提供更多更好的就业单位和就业岗位。三是帮助大学生端正就业观念，选择与自己能力相匹配的岗位。四是拓展学生就业领域，不断提高学校的影响力、吸引力。五是选准工作重点，明确主推方向，如重点城市、重点部门、重点行业、重点企业等；服务好重点人群，主要是家庭困难群体和优秀学生群体。

正如前文所述，学生工作的基本理念是服务学生成长成才，满足学生的发展诉求是大学生工作的着力点。从大学生现状和社会需求来看，大学生成才愿望更加强烈，发展诉求日益多元。从大学生教育管理服务角度，主要包括如何完善人格、保持健康身心、培养集体观念、实现满意就业四个方面。对此学生工作者应当予以积极回应。

（五）建立科学、完善、规范的工作体系

服务学生成长成才的系统工作，是"为了每一位学生的终身发展的工作"，不能简单理解成"学生工作干部的工作"。做好这项工作需要学校、社会、政府、家庭各个方面的关注关心和支持，高校应该充分挖掘社会、学校的育人资源，将各类资源整合成立体化的育人网络，不断完善相应体制机制，为学生的成长成才提供全员、全方位、全过程服务体系。

从积极回应大学生发展诉求及其成长成才角度出发，结合学生教育管理服务的实际，学生工作总体格局主要包括思想引领、发展指导两个方面，在具体支撑上应当建立五个工作体系。

第一，建立大学生思想政治教育工作体系。大学生思想政治教育始终是学生工作最本质、最核心、最重要的内容，高校学生工作干部要做到坚定举旗，用心铸魂，以理想信念、社会主义核心价值观、传统文化为主要内容，以提高教育实效性为着力点，以提高大学生的主动性为突破口，着力构建思想政治教育工作机制、平台体系、活动体系。

第二，建立大学生自我完善指导服务体系。自我完善是主体意识增强的必然结果。作为一种自我教育手段，其在推动社会发展、人类进步等方面都发挥着重要的作用。大学阶段是个体自我意识急剧增长、迅速发展和趋于完善的重要时期，也是开展自我完善指导服务的黄金阶段。高校应该针对大学生发展诉求，深入研究其成长成才规律，以科学理论为指导，建立教育引导、激励推动、素质拓展和支撑保障工作体系，着力培养大学生自我完善的意识和能力。

第四，以大学生满意度、受益率为标准建立学生工作部门、学院的工作考核评价体系。建立有效的考核评价机制是检验工作成效、促进作风转变、推动事业发展的重要手段。要实现考评内容的系统化，明确"考什么"；促进考评方法的科学化，明确"怎么考"；推进考评主体多元化，明确"谁来评"。高校应该着重在建立学生满意度、受益率测评机制，畅通学生、家长及社会对学生

工作发表意见、投诉渠道,完善工作考核指标体系方面下足功夫。

第五,建立学生工作全员问责体系。长期的理论和实践都充分证明,工作目标责任制与工作绩效考评制度的合理运用是提升工作效能的有效方法,而考核结果的正确运用和问责体系的有效运行,是保持这一体系生命力的关键所在。学生工作是全员育人的重要体现,为保证这项工作取得成效,高校应该以目标责任制为主体、以考核评价制为抓手、以追责问责制为保障,从职能部门到学院,从机关工作人员到辅导员,进一步细化职责、明确分工、责任到人,建立有效、可操作的责任追究机制。

三、着力提高辅导员服务大学生成长成才能力

辅导员是大学生健康成长的指导者和引路人,是做好大学生思想政治教育工作的骨干力量,也是连接党与大学生的重要桥梁和纽带,是大学生成长成才服务直接的承担者、组织者。工作中要以"三严三实"精神为指导,以严为镜照思想,做到思想认识要严,制度规范要严,以实为尺正行为,做到服务措施要实,行动落实要实,真正将从严从实的理念贯穿到学生教育管理服务工作中。同时,辅导员还要在集中精力、提升能力、增强魅力上下足功夫,使自己成为大学生成长成才过程中的好导师、好榜样、好朋友。

(一)明确工作职责,集中精力服务大学生成长成才

辅导员是高校全员育人体系中的重要组成部分,应该明确自己的职责,把主要精力放在学生教育管理服务各项工作上,把努力方向凝聚到学生成长成才服务上,从学生的满意度、受益率上求政绩,在提高人才培养质量上寻找事业的闪光点,在落实立德树人根本任务中实现自己的人生追求。

(二)提升工作能力,推动各项工作深入开展

"能力"包括"能"和"力"两个部分。辅导员要提高自己的"能",借用物理

学上的概念,就是要增加势能,释放动能。要通过加强理论研究,丰富实践经历,不断提高自身的综合素质,使自己站在更高的平台,达到更高的层次,形成居高临下的工作态势。学生工作涉及方面多,领域广,为了有效提高自己的工作水平,可以重点聚焦某个工作领域,成为大学生思想政治教育、大学生发展指导、大学生事务管理与服务等某一方面的行家里手,形成自身的特色优势,由此形成工作中的巨大动能。从物理学的角度理解,"力"是一个矢量,包括大小、方向和着力点三要素。对应到辅导员工作中,就是要遵循矢量法则,选准工作着力点,明确工作方向,并充分运用拥有的势能,形成巨大的工作推动力,从而取得更大的工作成效。

（三）增加人格魅力，在言传身教中带动大学生共同进步

辅导员面对来自五湖四海、具有不同特点的大学生,开展工作需要得到他们的拥护和支持,得到他们的信任、理解和友谊,不仅要讲究工作艺术和工作方法,更要靠辅导员的人格魅力。辅导员的人格魅力不是凭空产生的,首先要有高尚的道德品质,具有较高的思想素质、政治觉悟和道德水准。其次要有良好的工作态度,始终保持积极健康、敬业勤勉、严谨务实的工作态度,并通过日常工作传递给学生,为学生树立良好的榜样。最后要有崇高的职业精神,在工作中体现出高度的社会责任感和不懈的职业理想追求,切实做到言为士则、行为世范。

第二章 大学生素质教育基本理论

全面推进素质教育是党中央根据我国现代化建设和国际竞争对知识、人才、民族素质和国家创新能力的要求做出的重大战略决策，标志着我国人才培养模式的重大进步，是我国教育事业的一场深刻变革。高校实施素质教育是社会发展的必然，高校要依据大学生身心发展特点，从思想政治素质、身心素质、文化素质、专业素质和就业创业素质等方面实施素质教育，为国家培养高素质的复合型人才。

第一节 素质与素质教育概述

一、人的素质概述

（一）素质的含义

素，就本意而言是"原来的""本来的"意思；质，则是"固有""应有"之意。于是，素质的基本含义就确定为"构成一事物的要素，即反映这一事物的本质属性的成分或特征"。

素质的含义有狭义和广义之分。人的素质从狭义上解释，一般是指天生具有的某些解剖的生理的特性，主要是精神系统、脑的特性，以及感觉器官和运动器官的特性。人的素质从广义上解释，它已扩展延伸到以人的社会道德、行为规范、事业心、责任感、原则性、民主性信念和世界观为基本内容的思想道德素质；以一个人所具备的科学文化知识、专业知识、管理组织能力、指挥协调能力、决断能力、任贤能力、谋略能力、表达能力、交往能力和工作效率等为基本内容的业务素质；以一个人所具备的身体活动能力（力量、速度、耐力、灵敏、柔韧）和强健的体质为基本内容的身体素质以及反映一个人的智能和个性特征为基本内容的心理素质。

（二）素质的内容

素质主要包括内在素质和外在素质。内在素质主要是人对世界、环境、人生的看法和意义，包括人的世界观、人生观、价值观、道德观等，也就是一个人的对待人、事、物的看法，也可以称为人的"心态"。外在素质就是一个人具有的能力、行为、所取得的成就等。

（三）现代人应具备的基本素质

所谓现代人，是指具有强烈时代意识，拥有现代劳动技能、现代社会适应能力和发展能力的社会个体。

现代人应该具备三项基本素质：从基础层次上，要具有健康的体能和情感，要具有学习技能、外语技能、交流与交际技能，还要具有终身学习的能力、批判与综合思维能力、发现、应变与解决问题能力、团队工作和国际理解与合作能力；从智力层次上，要学会和善于收集、整理与利用信息，知识面要宽，适应性要强，更要具有利用技能、能力和知识解决实际问题的智慧；从伦理道德层次上，要有正确的人生方向、精神力量和道德勇气。

二、素质教育概述

素质教育是指一种以提高受教育者诸方面素质为目标的教育模式，主要指人的思想道德素质、能力培养、个性发展、身体健康和心理健康教育。

（一）素质教育的含义

所谓素质教育，是指从培养有理想、有道德、有文化、有纪律的社会主义接班人出发,以全面培养受教育者高尚的道德情操、丰富的科学文化知识、良好的身体和心理素质、较强的实践和动手能力以及健康的个性为宗旨,让学生学会做人、学会劳动、学会健体、学会审美,使学生在德、智、体、美、劳五方面得到全面协调发展的教育方针和教育活动。

(二)素质教育的指导思想

素质教育指导思想是按照教育学、心理学客观规律,积极创造和利用一切有利的外部条件,使受教育者能够主动地将人类科学的、道德的、审美的、情感的等多方面的文化成果内化为自身的全面素养,着重学生的主体精神,开发人的智慧潜能,形成人的健全个性,使学生成为现代社会所需要的现代人。

(三)素质教育的基本内容

第一,民族素质教育。包括民族个人智慧潜能的开发教育,民族心理和情感教育,民族科学文化艺术教育。

第二,思想品德素质教育。包括政治教育、思想教育、道德教育、品格教育,其中以政治教育为方向,思想教育为基本内容,道德教育和品格教育为基础,形成教育结构。

第三,文化科学素质教育。包括基础知识教育,基本技能教育,智力、能力教育,审美教育。

第四,劳动素质教育。包括劳动情感、劳动习惯和劳动技能教育。

第五,身体素质教育。包括促进身体生长发育,增强体能,提高大脑和神经系统功能,养成良好的健身、卫生和用脑习惯。

(四)素质教育的价值取向

素质教育是使学生学会认知、学会做事、学会做人、学会交往、学会生存、学会创造、学会发展,最终成为一个"完整"的人。

（五）素质教育的基本特征

素质教育简言之就是形成受教育者素质的教育。素质教育的特征与它的内涵紧密相连，把素质教育与应试教育进行比较，可以揭示出它的以下基本特征。

1. 素质教育的主体性

在学校中，素质教育就是培养和提高学生的素质。也就是说，素质最终必须落实到学生身上，学生乃是素质的承担者与体现者。学生都是活生生的主体，他们既具有一定的素质潜能，同时又亟欲把自己的这种潜能充分地发挥出来。我们必须把握素质教育的主体性这一基本特点，即在教育过程中，尊重学生的主体地位，发挥学生的主体作用，调动学生的主体积极性。在尊重学生主体地位的前提下，通过调动学生主体积极性的手段，以达到发挥学生主体作用的目的。按照"外因通过内因而起作用"这一著名的马克思列宁主义原理，在素质教育过程中，只有把学生始终作为主体对待，才能敞开他们的内因大门，使他们积极地接受教育，因而也才能使外部的教育因素转化为学生主体的内部素质，以及把教师的主导作用充分地发挥出来。

2. 素质教育的全面性

素质教育的全面性应当有两方面的含义：一是培养和提高所有学生的素质，二是使所有素质都获得培养与提高。从前一个全面性看，教育要对每一个学生负责，要为每一个学生的素质发展创造必要的起码条件；从后一个全面性看，就是要使每一种素质都能得到适当的发展，不能只片面着重发展某一种素质。具体地说，素质划分为政治素质、思想素质、道德素质、业务素质、心理素质、身体素质等；各种素质都要注意培养，不要重此轻彼，更不要顾此失彼。

3. 素质教育的综合性

虽然各种素质都具有各自的内涵与功用，但素质却又是由各种素质所构成的一个综合体即有机整体。这也就是素质教育综合性的基本含义。具体地说，作为综合整体的素质，其各个组成因素具有相互促进或相互促退的内在制约关系，亦即一种素质的发展，会促进其他各种素质乃至整体素质水平的提高；一种素质的不良，也会使其他各种素质以及整体素质水平受到影响而降低。因此，在素质教育中，我们必须重视素质的全面发展，不能只强调某一方面素质的提高。我们既要反对重智轻德，也要反对重德轻智，更不可把德智对立起来。即在德育的统帅下去加强智育，发展学生的知识、智力；在智育的基础上去加强德育，培养学生品德、行为。我们应当让学生的各种素质在统一中发展，以便它们相辅相成，相得益彰。

4. 素质教育的基础性

素质教育的基础性这一基本特点有两方面的含义：

第一，学生的素质是做人的基础。学生入校的根本目的，就是学习做人，它包括做什么人和怎样做人。这是学生学习的基本功，也是对他们最起码的却又是最必要的要求。素质教育是全面发展教育的落实，全面发展教育是实施素质教育的途径。也就是说，通过德育、智育、体育、美育、劳动技术教育以及心理教育等诸条途径去培养学生的各种素质，并提高其整体素质水平。

第二，每个人的素质是整个民族素质的基础。早在 1985 年，《中共中央关于教育体制改革的决定》就明确提出，教育体制改革的目的，在于提高全民族素质，多出人才，出好人才。自素质教育提出之后，特别是经过 20 世纪 90 年代的探索与实践，大家才逐步认识到，要提高民族素质，必须从培养每一个人的素质下手；每一个人的素质是民族素质的基础，民族素质是每个人素质的融合与升华。因此，我们必须广泛地开展素质教育，并通过家庭教育、学前教育、学校教育、社会教育、职业教育、成人教育、高等教育等各种渠道，培养每一个人的素质,从而以此为基础提高整个民族素质的水平。当然,整个民族素质水平提高之后,又会反转来促进每一个人的素质水平"更上一层楼"!

5. 素质教育的层次性

从纵向来看,任何一个事物的发展都会显示出一定的层次性,素质教育也不例外。而素质教育的层次性,是由素质本身的层次结构所决定的。根据心理学的研究,现在一般公认,素质是由生理素质、心理素质和社会素质等三个层次构成的。生理素质是素质的最低层次,它是人们与生俱来的感知器官、运动器官、神经系统特别是大脑在结构上和机能上的一系列特点的综合。心理素质是第二个层次,它是在先天自然素质的基础上,通过后天的教育作用、环境影响而逐步形成的。它尽管形形色色,纷繁复杂,但总可以一分为二,即认识——智力因素和意向——非智力因素。社会素质是素质的最高层次。人们后天获得的一切东西,如政治观点、思想认识、道德品质、行为习惯、知识技能,乃至于世界观、人生观、价值观等都是社会素质。在素质教育中,我们就应当按照这种层次性来开展工作,即既要注意各素质层次之间的相对独立性,又要考虑它们之间的内在联系与相互依存性。

6. 素质教育的成功性

素质教育的成功性这一特点告诉我们,在学校中,必须创设条件,保证每一个学生都能获得成功,也就是要保证他们都能达到一定的素质水平。这里有两条含有规律性的东西值得我们注意:首先,每一个人都具有获得成功、避免失败的倾向,这几乎是人的天性。其次,每一个人又都能得到成功。在其他条件基本相同的情况下,$A=f(I \cdot N)$ 这一"成功公式"告诉我们,如果客观条件适当的话,一个学生只要发挥其智力因素(用 I 代表)与非智力因素(用 N 代表)的积极性,就一定能取得成功(用 A 代表),提高素质。上述这两条法则,都已被一些学校的"成功教育"的教改试验所证实。教改经验表明,只要不断提升办学条件,充分利用人们希望成功并能够取得成功这两条规律,就一定可以使每个学生成为成功者。

综上所述,素质教育的特征是十分明显的,以学生为中心是其着眼点,培养学生全面发展是其关键点,教学生学会学习是其核心点。素质教育的六项基本特点,是密切联系、相互制约的。其中主体性和成功性这两项特点尤为重要。我们把握了这两项基本特点,就是抓住了打开素质教育大门的两把金钥匙。

(六)素质教育的目标

1. 素质教育的期望目标是把学生培养成现代社会所需要的人

这是素质教育的着眼点,它以学生为中心,即以"人本"为中心,把学生培养成一个"现代人"。社会向前发展,愈来愈现代化,但是现代化不仅是"物"的现代化,更重要的是"人"的现代化,而且最终取决于"人"的现代化。"人"的现代化,内涵丰富,然而最根本的是提高人的素质。人的素质是先天禀赋与后天发展的合金,先天禀赋是后天能力发展的物质条件、自然前提,后天形成的基本条件是先天禀赋发展变化的结果。素质是先天的遗传性与后天的习得性、自然的生物性与社会的教育性的辩证统一。人的素质的形成,与先天遗传、环境影响、教育训练和自身努力四个因素有关,而教育训练是关键因素,是主要矛盾,是主要矛盾的主要方面。古语说:"人之初,性本善,性相近,习相远。"说的就是这个道理。"习"就是教育训练,通过"习"就改变了人的自然素质,就有不同的分工,就有工人、农民、商人、士兵、教师等职业。诚如马克思在《哲学的贫困》中所指出的:"搬运夫和哲学家之间的原始差别要比家犬和猎犬之间的差别小得多,他们之间的鸿沟是分工掘成的。"① 也就是说,是教育训练造成的。可见,教育训练对人的素质的形成起着多么重要的作用。

2. 素质教育的终极目标是教学生"学会学习"

这是素质教育的核心点。当今世界是一个富有挑战性的复杂多变的世界,科学技术革命进程更快,科技转化为生产力的周期更短。电脑、多媒体和

---

① 马克思.哲学的贫困 [M].北京:人民出版社,1949.

"信息高速公路"的建立,带来信息、交通、通信、大众传媒手段的普及,对社会的生活方式、工作方式、思维方式、交际方式等产生深刻的影响,人们对知识和技能更新的要求将更高,要求人们能自觉地适应社会,而要适应就必须学会学习。1996 年,联合国教科文组织在法国巴黎召开了"国际 21 世纪教育委员会"最后一次会议,提交了《学习:(人类的)内在宝库》的报告。与会者除少数来自教育界外,多数是政治家、科学家、经济学家、社会活动家和行政官员,他们以不同视角,从宏观的社会、经济、政治等的变化及信息技术飞速发展来审视 21 世纪教育所面临的挑战,强调教育应当把人作为发展的中心,指出接受教育再不是为了升学和谋生,而是为了个人能力的充分发挥及个人的终身学习,为了社会的和谐发展。这个文件的主旨,要求教育要以教会学生学习为中心,要让学生"学会生存,学会关心,学会学习,学会创造",以适应现代社会需要。

学会生存,即学会生活。为了生存和发展,为了生活,每一个受教育者必须具备个人生活、家庭生活和社会生活的基本条件,如提高个人生活质量的自理能力和基本的劳动能力;符合家庭美德、职业道德、社会公德的生活态度和生活方式,讲求文明礼仪;掌握一两项健身的体育运动项目,有健康的身体;有高尚的兴趣爱好,掌握琴棋书画、唱跳弹奏中的一两项技能,具有初步的艺术鉴赏能力;能落落大方地与人交往,有善于与人合作的群体意识与能力等。

学会关心,即学会做人。教育的根本目的就是教学生做人,做一个怎样的人呢?他们必须热爱祖国、报效人民,具有为国家富强和人民富裕而艰苦奋斗的献身精神,自强不息、百折不挠的意志,实事求是、勇于开拓的风格,遵纪守法、敬业爱岗的态度,孝顺长辈、关心他人的责任,自我约束、自我管理的修养,做一个堂堂正正的"中国的现代的文明人"。

学会学习,指不仅掌握校内所学的学科知识,而且掌握学习方法,具有一定的自学能力。如勤学善思的学习品质与态度；热爱科学、追求真理、寻根究底的精神；珍惜时间，注重学习效率与质量；掌握现代的学习工具和手段，良好的学习习惯，能自觉学习各种知识和经验，适应自身发展和社会发展的需求。

学会创造，这是教育的最佳效果，也是现代人人格的重要表征。如具有敢想、敢说、勇于探索的精神；有善于发现问题，迅速解决问题的能力；能对自己不断提出新的目标，经过努力能够成功，给社会发展做出贡献；能求新求异，力求有所发现、有所突破、有所前进等，使学生成为一个具有创造意识的人。

（七）素质教育的要求

第一，反对学校过分考虑对学生灌输知识，强调学校的责任在于鼓励学生去解决问题以及学习如何使用科学的方法，教育要关注学生的精神世界并切入学生的经验系统。

第二，反对忽视现代社会需要的传统课程，强调学校课程应该更多地反映现实社会生活，使学生有更多的机会参与具有生活特点的活动，教育要着眼于学生成长的内在动机的唤醒。

第三，反对学校生活中僵化、呆板的教学组织形式和管理方法，教育在内容和方法上应基于学生的智慧发展水平。

第四，反对学校在精神上对学生的压抑，强调学校应该为学生个人的自由和完善发展创造条件，教育要将学生带入精力充沛、富于理智挑战的境界。

（八）素质教育的灵魂

以人为本是素质教育的灵魂。以人为本思想的历史渊源可以追溯到文艺复兴时期的人文主义教育精神，人本化教育思想既是一种在表现为多学派联盟的人本主义心理学基础上构建的教育思潮，又是一种广泛的人本化教育改革运动,在教育实践中,它表现为"情意教育""整合教育""自我教育""心理教育""价值教育"等,人本化教育思想不仅对当代美国的教育,而且对世界教育都产生了积极的影响,成为包括我国在内的许多国家的课程改革的重要理论基础。

以人为本的教育思想是和谐的、平衡的与全面发展的教育,是真正把人的发展当作最终目的的教育。对学生的培养目标,更是把以人为本的教育思想作为其核心内容。"要使学生具有爱国主义、集体主义精神,热爱社会主义社会,继承和发扬中华民族的优秀传统和革命传统;具有社会主义民主法制意识,遵守国家法律和社会公德;逐步形成正确的世界观、人生观、价值观,具有社会责任感,努力为人民服务;具有初步的创新精神、实践能力、科学和人文素养、环境意识;具有适应终身学习的基础知识、基本技能和方法;具有健壮体魄和良好的心理素质,养成健康的审美情趣和生活方式,成为有理想、有道德、有文化、有纪律的一代新人。"[①] 关于对学生培养目标的描述,最直接、最生动地体现了以人为本的教育思想。

素质教育是以社会发展需要为教育目标的,是以人的发展规律为基础构建教育体系的,是以促进学生的人格发展、智力发展和身体发展为教育内容的,是以促进学生生动、活泼、主动地发展为教育形式的。

总之,从教育的起源、发展和改革的各个方面看,素质教育是以人为本的教育,以人为本是素质教育的灵魂。

(九)素质教育的本质

第一,素质教育的目标是提高国民素质;而"应试教育"的目标是"为应试而教,为应试而学",在此目标导向下,即使客观上能使部分学生的某些素质获得浅层次发展,也只能是片面的,以牺牲其他方面发展为代价的。第二,

---

① 李希贵,李凌艳,辛涛.建立以学生为主体的学校自我诊断模式[J].教育研究,2010(9).

素质教育以提高国民素质为目标，必然要面向全体学生，面向每一位未来的国民；而"应试教育"则把目光盯在少数升学有望的学生身上，弃多数学生于不顾，甚至不惜将正常儿童扣上"弱智"帽子，使其不列入分数统计。第三，素质教育为了提高国民素质，强调教育者发挥创造精神，从学校实际出发设计并组织科学的教育教学活动，促进受教育者在自主活动中将外部教育影响主动内化为自己稳定的身心素质；而"应试教育"则使教育者跟着考试指挥棒亦步亦趋，在教学方法上以灌输、说教、被动接受为基本特征。

（十）素质教育理论的时代意义

素质教育理论是新时代的产物，又是新时代教育实践的提南，为深化新时代的教育改革提供了科学的方法论，因而无论是理论上还是实践上都具有深远的意义。

素质教育理论是教育理论研究的一项突破性新成果，是建设中国特色社会主义教育理论体系的又一里程碑。党的十一届三中全会以后，随着全党工作重点的转移，教育改革的逐步深化，教育研究也蓬勃发展。首先，强调了加强课堂教学，提出了"双基"教育教学理论，但又曾一度导致了学生课业负担的加重。随着教育实践的发展和理论的深入，人们认识到发展能力和智力的重要性，接着又提出了"加强双基，培养能力，发展智力"的教育教学理论。很明显，上述两种教育教学理论均忽视了情感、意志、兴趣等非智力因素对受教育者的影响。因此，随着非智力因素研究、争鸣的深入，又相应地提出了更为完善的"加强双基，培养能力，发展能力，开发非智力因素"的教育教学理论。正是在这些研究成果的基础上，随着人们对培养目标内涵认识的进一步丰富，对培养目标内在联系和内化作用认识的加深，以及实验探索的扩展，素质教育理论以时代发展的远见，从我国国情出发，以前所未有的综合力和涵盖力获得的重大突破，适应并满足了我国实现社会主义现代化这个总的发展战略要求。应该说,素质教育理论是建设有中国特色社会主义教育理论体系的又一里程碑。

素质教育理论是全面贯彻教育方针,全面提高教育质量的有力的方法论杠杆。素质教育理论是立足于现实,着眼于未来的新型教育理论,它一出现就显示出强大的生命力和丰硕的成果。通过教育工作者的实验探索、理论总结以及政府的谨慎接受和明确肯定,已有愉快教育、创造教育等多种实践模式,形成了较为完整的理论体系,为被"应试教育"深深困扰的学校教育,指明了前进的方向,从思想上、理论上为深化教育改革扫清了障碍。实践证明,它是纠正和避免贯彻教育方针之偏颇的理论武器,是全面贯彻教育方针,全面提高教育质量有力的方法论杠杆。

素质教育理论以提高民族素质为研究的切入点,是实现科教兴国基本国策的强大理论支柱。素质教育理论以前的教育教学理论有它不可克服的"先天缺陷":以抽象的个体而不是以具体的素质为研究切入点;以个体素质而不是以群体素质为研究切入点;或者以个体的个别的、特殊的素质而不是以全面的、基本的素质为研究切入点。因此导致教育实践只考虑考试分数而不考虑学生的实际素质,只重视个别优生而忽视后进生,导致"英才教育"而非素质教育。科教兴国是我国的一项基本国策。然而科教兴国只有通过人的素质的培养和教育,通过人的素质的内化和吸收,才能发挥出兴国的威力。科学、技术与教育本身不能兴国,兴国只有靠人去兴,要靠整个民族的高素质的人去兴,如果科学、技术与教育的作用不能内化与落实到人的素质这一点上,不能把科学技术转化为生产力,那么科教兴国就是纸上谈兵,所以,只有把提高民族素质作为教育的基本内核和底蕴,科教兴国的命题才能真正成立。从这个意义上说,素质教育理论是实现科教兴国基本国策的强大理论支柱。

诚然,素质教育理论作为方法论也不是万能的,其方法论价值的实现还有赖于理论的日臻完善和实践的勇敢付出。我们期待着更系统、更科学的素质教育理论来指导中国的教育事业,期待着中华民族信心百倍地屹立于东方走向世界!

(十一)素质教育的推进

全面推进素质教育是党中央根据我国现代化建设和国际竞争对知识、人才、民族素质和国家创新能力要求做出的重大战略决策,标志着我国人才培养模式的重大进步,是我国教育事业一场深刻变革。

1. 改变教育观

当前,我国正在进行社会主义现代化建设的宏伟事业,现代化不仅是"物"的现代化,同时也是"人"的现代化,并最终取决于人的现代化。人的现代化,最根本的就是要提高人的素质。我国目前在一定范围、一定程度上存在的腐败、道德滑坡、法制观念淡薄等现象,与部分国民的素质不高有着直接的联系。同时,我国的现代化不可能离开国际大环境孤立地进行,我们将长期面临激烈的挑战和竞争。中华民族要振兴、要发展、要实现现代化,就必须在坚持以经济建设为中心的同时,把教育摆到优先发展的战略地位,把素质教育提到关系中华民族兴衰存亡的高度来认识。提高民族素质,实施素质教育,关键是要转变教育观念。教育要面向全体学生,让每一个学生在各自的基础上全面提高,要承认受教育者都能在各自原有的基础上,调动个体自身的积极性、主动性使自身个性得以充分发展,使整体素质在各自的基础上得到改善和提高。

2. 转变学生观

学生是教育的主体,学生的成长主要依靠自己的主动性。要充分发展学生的个性,必须唤起学生的主体意识,发挥学生积极主动精神,发挥学生个性特长。素质教育作为一种教育思想,以育人为本,教育应对学生实施全方位的素质培养,教育阶段实施素质教育不仅要尊重学生的主体地位,发挥学生学习的主动性,而且还要引导学生自尊、自重、自主、自律。当然,强调学生的自主性,还要发挥教师的主导作用,教师要在尊重学生主体地位的前提下,采取相应的措施,引导、推动学生不断地发展和完善自身的素质。

3.加大教育改革的力度

素质教育是一种新的教育思想、教育观念,是通过学校的各种教学活动来进行的。课堂教学是实施素质教育的主渠道,只有通过课堂教学,才能把素质教育真正落到实处。因此我们必须改革课堂教学方法,改革教学方法一是要从时代和社会发展的特征和趋势来审视过去的教学方法,二是要研究文化传统问题,三是要吸收科学技术的新成果。此外,校园文化对于学生素质的形成具有潜移默化的作用,对于某些素质的形成,如道德素质、心理素质,往往比课堂教学有着更为重要的作用,因此,营造良好的氛围,开展多种有益于学生身心发展的学术的、文娱的、体育的活动,使学生受到良好的校园文化的熏陶,培养他们健康的心理。

总之,素质教育是一种教育理念,是依据人和社会发展的实际需要,遵循教育规律,全面培养学生的基本素质,促进学生身心和谐发展;素质教育是面向未来的教育,它不以目前升学或就业作为直接目标,而是立足于知识经济时代需要,素质教育实质上是创新性教育,在教育方式、方法上必须创新;素质教育要使学生的个性得到充分发展,因材施教。

素质教育是一种教育模式,通过素质教育的实施,要培养出能适应知识经济时代需要的高素质人才。

素质教育是一种与应试教育相应的教育模式,但它与应试教育并不相互矛盾,可以并行不悖,在现行的高等教育体制下,素质教育应加强课程教育与社会实践的结合。

推进素质教育是一个系统工程,家庭、社会、学校都来关心支持教育,素质教育才会实施得更好。

第二节　大学生素质教育概述

青年兴则国家兴，青年强则国家强，大学生群体是思想最为敏锐、思维最为活跃、接受新生事物最为迅速的高智能群体，大学生是青年群体的核心构成，是国家和民族的希望，肩负着中华民族伟大复兴的历史重任。《中共中央国务院关于深化教育改革全面推进素质教育的决定》（1999年）中指出"实施素质教育"。应贯穿于幼儿教育、中小学教育、职业教育、成人教育、高等教育等各级各类教育高等教育属于定向的专门教育阶段，主要培养高层次的专门人才，高校要坚持党的教育方针和社会主义的办学方向，面向现代化、面向世界、面向未来，努力把大学生培养和造就成适应新世纪社会、经济、科技、文化发展需要的高素质人才。

一、大学生素质概述

（一）大学生素质的内涵

大学生素质指大学生在高等教育阶段的学习和实践中发展起来或形成的内在的、相对稳定的、对大学生持续发展具有积极意义的主体特性和品质，其综合效应表现为认识和改造主客观世界的知识和能力。大学生素质是知识内化和升华的结果。

（二）大学生素质的特征

大学生素质具有内在性、稳定性、有机性、多样性等特点。一般应表现为政治素质、道德素质、科技素质、文化素质、专业素质、身体素质、审美素质、心理素质、媒介素质、就业创业素质等十大元素。

大学生素质是大学生所获知识和能力的内核，体现着学习和实践的成果,是大学生认识和改造主客观世界的力量源泉。在大学生素质发展过程中,学生处于主体地位,环境是主体发展的土壤,实践是主体,主体的关键是注重特色、鼓励创新,富有内涵的环境促进主体的内化和升华。

大学生素质发展模式具有多样性,在大学生素质发展的多元模式中,要把握"注重全面发展,融合个性特长"这一优化原则,因为"合格+特长"是一种较好的大学生素质发展模式,这一育人理念不仅承认学生全面发展"百花齐放"的同一性,同时也承认学生在某一方面"一枝独秀"的差异性,教育教学实践也验证了这种育人理念的科学性和可行性。

大学生素质在认识和改造主客观世界中的作用是持续的,长期的,甚至是终身的,趋向本能和自发,我们主张大学生把时间和精力放在素质发展上。因为素质的作用比一般知识和能力的作用要持久,具有较强的后劲,正是这种后劲,使大学生得以持续发展,从而为社会做出更大贡献。

(三)当代大学生应具备的素质

知识经济时代是知识化、信息化和学习化的时代,对人才的要求更新更高,适应时代需要的人才不再是传统意义上的拥有过硬的专业知识的人才,而应是高素质的复合型人才,应具备全面的综合素质,包括文化素质、思想道德素质、心理素质以及良好的协调能力、团队精神、创新意识等。

当代大学生是社会的希望、国家的栋梁、祖国建设的主力军。大学生的素质将直接影响着整个国民素质的水平。21世纪是知识经济时代,是综合国力竞争的时代,更是人才素质竞争的时代。知识经济时代对大学生的素质要求越来越高。当代大学生要成为适应社会需要的合格人才,必须加速培养、提高自己的素质。

1.政治素质

(1)政治素质是指在环境和教育的影响下形成和发展起来的相对稳定的政治素养。它是人的素质中最重要的方面。

（2）时代要求当代大学生：具有在政治立场、观念方面的远见和洞察力，对社会发展趋势的敏锐性，对国家宏观政策的预测把握能力及具有一定的政治理论修养，即具有正确的世界观、人生观、价值观；初步掌握马克思列宁主义、毛泽东思想、邓小平理论、"三个代表"重要思想、科学发展观、习近平新时代中国特色社会主义思想的基本观点；具有初步的辩证唯物主义观点；树立社会主义信念，树立热爱祖国、振兴中华民族、努力成才的使命感和责任感；探索精神、创新思维、崇尚真知、追求真理的恒心和毅力；诚信守法、团结合作的精神和能力。

2. 道德素质

（1）道德素质是指人们从一定的道德准则和规范出发，在处理个人与他人、与社会的关系中，所表现出来的稳定的特征和倾向，是人们道德意识和道德行为的统一。简言之，就是做人的准则和标准。

（2）时代要求当代大学生：真诚、勤奋、有责任感，具有积极向上的人生观、价值观，科学的世界观，正确的道德观、法制观，远大的人生理想、社会理想，具有社会公德、家庭美德、职业道德。

当代大学生面临社会的巨大变革，能否在充满竞争、挑战、机遇的社会中很好地发展自己、拼搏成才，关键在于要提高综合素质，而思想道德素质是大学生成才的核心，是大学生应具备的首要素质，它包括良好的思想政治素质以及良好的道德品质。

3. 科技素质

（1）科技素质主要是指人们为了在科技事业上取得成就并适应科教兴国战略的需要所必须具备的科研能力、科学知识和热爱科学、敢为科学献身的科技道德品质。

（2）时代要求当代大学生：具有科技思想、科学态度、科学精神，科技知识、科技手段、科技文化。

4. 文化素质

（1）文化素质主要是指以文化知识为基础并通过情感作用于人的精神，最终内化为主体精神的内在品质，也是指一个人所具有的知识、能力和教养的总和。

（2）时代要求当代大学生：具有人文社会科学和自然科学知识，文化底蕴、艺术修养、审美情趣以及关心社会、关心人类的态度和精神。

5. 专业素质

（1）专业素质是指从事社会职业活动所必须具备的专门知识、技能。主要包括三个方面：扎实的理论基础、熟练的专业技能、全面的业务能力。

（2）时代要求当代大学生：具有本学科、本专业知识、基本理论、基本技能以及自我学习能力、创新能力等。

6. 审美素质

（1）审美素质是指人感受美、鉴赏美和创造美的能力。

（2）时代要求当代大学生：具有正确的审美观，良好的审美情趣，能科学地欣赏美、追求美、创造美、享受美。

7. 媒介素质

（1）媒介素质是指人了解、分析评估网络媒介和利用网络媒介获取、创造信息的能力。

（2）时代要求当代大学生：具有系统的网络媒介基本知识、较强的网络操作能力、网上行为的自我管理能力、网络媒介信息的敏锐分析能力、网络媒介信息客观的评价能力、正确而熟练地创造和传播信息的能力、对不良网络媒介信息的较强免疫力、有效利用网络媒介信息或功能来促进自身成才发展的能力。

8. 身体素质

（1）身体素质是指人体在活动时所表现出来的力量、耐力、速度、灵敏性、柔韧性等机能能力。

（2）时代要求当代大学生：具有健壮的体格、健康的体魄、全面的体能、良好的体质和卫生习惯。

9. 心理素质

（1）心理素质是指人以生理素质为基础，在实践活动中通过主体与客体的相互作用，而逐步发展和形成的心理潜能、能量、特点、品质与行为的综合。

（2）时代要求当代大学生：具有健康的心理状态，如胸襟开阔、豁达大度、积极乐观、自知之明、承受挫折、适应环境、坚韧不拔、克服自卑、自信心强、自控力强、人格健全等。

身心素质包括身体健康和心理健康两个方面，身体健康是健康的物质基础，心理健康是健康的精神保证，大学生只有身体和心理都健康才能适应社会要求。

10. 就业创业素质

（1）就业创业素质是指人在就业创业过程中具有的就业创业的相对稳定的心理特征和行为特征。

（2）时代要求当代大学生：具有正确的就业观、成才观、创业观、诚信品质、丰富的就业创业知识、较强的就业创业意识和就业创业能力。

总之，思想道德素质—大学生成才的核心；专业素质—大学生成才的基石；人文素质—大学生成才的底蕴；身心素质—大学生成才的保证；能力素质—大学生成才的前提。社会的进步，人类的发展，科技的飞跃，归根到底在于人的创造性劳动。创新是人类进步的不竭动力。高度的创新能力是21世纪人才必备的素质。

大学生的综合素质，从教育学的角度来界定，可以概括为大学生在身心两大方面的基本要素及其品质的综合，其具体内涵包括思想道德素质、业务技术素质、文化审美素质和心理生理素质等几个方面，即德、智、体、美等要素及品质,其中,身体素质是物质基础,思想道德素质是核心,心理品格素质是关键,政治思想素质是主导。

对于大学生的发展而言,综合素质的各个构成是各有侧重的,各个要素之间又是一个相互联系、协调发展的有机整体。

大学生的综合素质,对个体而言代表了其"人才含金量",关系到他的学习和就业的竞争力;对整体而言代表了祖国未来一代建设者的质量和水平。

21 世纪的大学生应该是:具有进取与创新精神,具有较高的智力水平,具有不间断地获取信息和知识的能力,具有宽广的知识结构和广泛的适应能力,具有优良的学风和治学精神,具有较高的责任感,具有较强的交流与合作精神的"创业者"和"现代人"。

(四)当代大学生素质存在的问题

要想全面提高大学生的素质,必须先看到当代部分大学生在素质方面存在的主要问题和不足。通过调查发现,当代大学生素质主要存在的问题有以下几点。

1. 部分大学生对国家现行政策的认识还不够深刻

毕业生在择业过程中,没有做好就业心理准备,不能很好地认清当前的形势,对自我的定位及自我能力的评价不够确切,心理素质和专业能力仍需进一步加强。

2. 部分大学生的价值观、人生观存在偏离

在市场经济崇尚个性发展大潮的影响下,受社会上所谓"实惠"观念和"个人功利"因素的影响,部分大学生的人生价值尺度渐渐向"功利化"偏移。部分大学生的政治生活、文化生活、精神生活也在发生变化,其中包括西方的政治观点、人生哲学和腐朽生活方式,通过各种渠道渗透进来,对现代大学生产生了诸多不良影响。

3. 部分大学生文化素质缺失

不少大学生外语好、数理化好、经济头脑好,但对祖国的地理、历史、文化非常无知。当代大学生素质的缺失严重影响了大学生的健康成长。

(五)当代大学生素质的自我提高

当代大学生要真正承担起社会和历史赋予的重任,必须做到德、智、体、美、劳全面发展,或者说德才兼备,一专多能。在实践中要不断强化和提高自身素质,在人才模式上,使自己成为"基础型、复合型、国际化"人才;在知识追求上,应朝多个方向伸张、广延,即讲求知识的广度、厚度、高度和深度;在学习途径上,应是"立交桥"式,即有课内与课外的结合,自学和辅导的结合,加上产、学、研的结合,进而使自己达到学有所长、学以致用、学有创新的良好效果。当代大学生对自己的素质要求,既不能急于求成,一步登天,而要从本身的实际出发,脚踏实地,一步一个脚印地做出努力,以实现自身的有限的阶段性目标;同时,又不能自满自足,故步自封,应着眼长远,戒骄戒躁,继续努力,不断地超越自己,超越别人,超越昨天,向更高的目标前进。

二、大学生素质教育概述

《汉书·李寻传》云:"马不伏枥,不可以趋道;士不素养,不可以重国。"人的素养教育是一个永恒的话题。大学生是中国青年的优秀群体,是未来社会的建设者和创造者,大学生的素养如何,将影响和决定着中国现代化建设的进程。因此,对大学生进行素质教育,是高等教育改革和发展的必然趋势。

(一)大学生素质教育的内涵

2004年8月,中共中央国务院下发的《关于进一步加强和改进大学生思想政治教育的意见》指出:"以大学生全面发展为目标,深入进行素质教育,促进大学生思想道德素质、科学文化素质和健康素质协调发展,引导大学生勤于学习、善于创造,甘于奉献,成为有理想、有道德、有文化、有纪律的社会主义新人。"

由此可知,大学生素质教育是以大学生全面发展为目标,以全面提高大学生基本素质为宗旨,以尊重大学生的主体地位和主动精神、注重大学生健全个性培养为特征,以培养大学生的创新精神和实践能力为重点,实现大学生思想道德素质、科学文化素质和健康素质协调发展,造就"有理想、有道德、有文化、有纪律"的德、智、体、美全面发展的社会主义事业建设者和接班人的教育。

(二)大学生素质教育的时代背景

20世纪70年代以来,伴随着新的科技革命、数字化、网络化、信息化迅猛发展,人类已经由工业经济时代进入知识经济时代。首先,知识经济是以人的创新素质为先决条件的经济,经济社会发展的关键是对新知识的创造,而不再是对以往知识的传承。因此必须要求高校紧跟高新技术和信息技术的前沿,将专业教育转变为综合素质教育,培养创造性人才。其次,知识经济是以人为本的经济,不仅要促进人与自然协调、持续发展,而且要促进人自身的健康和全面发展。这就要求高等教育着重培养大学生的综合素质,让大学生学会充分发掘人类自身素质这种最重要资源,真正成为把握自然和社会的主人,在促进经济社会发展中促进人类自身的发展;同时,知识经济是世界一体化条件下的经济,国家之间的竞争主要体现在对知识、信息和人才的创造(培养)占有、分配和使用上,高素质的人才已成为核心竞争力。高等教育由传统的专业教育转变为综合素质教育,已成为时代的必然选择。

(三)大学生素质教育的时代特征

大学生素质教育具有鲜明的时代特征。第一,主体性。素质教育充分弘扬人的主体性,关注个性发展。第二,全体性。大学生素质教育是面向全体大学生的教育。第三,全面性。大学生素质教育要求全面发展大学生的生理素质、心理素质、文化素质。第四,长效性。大学生素质教育强调培养大学生的基本素质和终身学习能力,促进大学生可持续地自主发展。

(四)大学生素质教育的指导思想

以马克思列宁主义、毛泽东思想、邓小平理论、"三个代表"重要思想、科学发展观、习近平新时代中国特色社会主义思想为指导,坚持党的基本路线和教育方针,以培养德、智、体、美、劳全面发展的社会主义事业的建设者和接班人为根本目标,以提高学生综合素质为根本,以加强学生的思想道德素质、业务素质、文化素质教育为突破口,以培养学生的创新精神和实践能力为重点,坚持教育面向现代化、面向世界、面向未来,继续深化教育教学改革,探索高素质人才培养新模式,引导学生坚持学习科学文化和加强思想修养的统一,坚持学习书本知识与投身社会实践的统一,坚持实现自身价值与服务祖国和人民的统一,坚持树立远大理想与进行艰苦奋斗的统一,着眼未来,立足实际,充分发挥高校的综合优势,培养"有理想、有道德、有文化、有纪律"的德、智、体、美等全面发展的社会主义事业的建设者和接班人。

(五)大学生素质教育的原则

1.坚持思想观念转变为先导的原则

实施素质教育首先要着眼于"教育要面向现代化,面向世界,面向未来",转变重智育,轻德育、体育、美育;重理论知识的传授,轻实践技能和创新能力的培养;重专业方向的学习,轻人文或相关领域知识的武装;重书本知识记忆式的考试,轻对学生综合素质的评价;重课堂教学的作用,轻环境对人才成长的影响等观念。加强素质教育,思想观念的转变是先导。

2.坚持政治思想和道德教育为首的原则

政治思想和道德素质是最重要的素质,不断增强学生的爱国主义、集体主义、社会主义教育是素质教育的灵魂,在实施素质教育的过程中,必须充分发挥"两课"对大学生进行思想政治教育的主渠道作用。坚持把政治思想和道德教育放在首位,教育学生树立科学的世界观、正确的人生观和价值观,逐步树立远大的共产主义理想,坚定的社会主义信念。

3. 坚持教书育人、管理育人、服务育人的原则

实施素质教育是全体教职员工的责任和义务。教师不仅是知识的传授者,更是学生美好心灵、人格、品质的塑造者和创新意识的引导者、培育者。管理人员是学生养成教育和学习生活的引路人,对学生的健康成长起着重要的作用。服务人员是创造良好的学习、生活环境的主力军,热情的服务、优美的环境和良好的条件会对学生产生潜移默化的影响。

4. 坚持正面教育引导为主的原则

学生是受教育者,教育工作者对学生要充满"爱心",应该以良师益友的身份对学生进行教育引导,以心换心,以情换情,坚持正面引导和说服教育,严格要求与热情关心,表扬与批评相结合。正确的教育方法会对学生综合素质的提高产生事半功倍的作用。

5. 坚持课内教学与课外教育相结合的原则

课堂教学是教书育人的主要途径之一,但不是唯一途径,学生在校学习期间大量的时间是在课外度过的。充分合理地利用课外时间,开展形式多样的政治理论学习、党团活动、兴趣活动、科技创新、学术讲座、文化艺术节、体育比赛等喜闻乐见的教育方式,能够促进学生德智体美全面发展。

6. 坚持知识、能力、素质相统一的原则

理论知识是基础,是能力和素质的载体,没有丰富的理论知识就不可能有强的能力和高的素质;能力是在掌握一定的理论知识的基础上经过培养训练和实践锻炼而形成的,是理论知识的一种体现;素质是把获得的知识和技能内化为人的身心,升华为稳定的品质和素养。知识、能力和素质的辩证统一关系要求教育工作者在教育学生的过程中必须理论联系实际。

（六）大学生素质教育的目标

素质教育的总体目标是：把学生培养成为德、智、体、美全面发展，具有较高的专业素质、高尚的道德情操、高品位的文化修养、较强的创新意识以及健康的体魄和健全的心理的高素质大学生，即培养大学生：

学会做人：具有爱国主义精神、公民意识、社会责任感与高尚的情操；初步掌握马克思列宁主义、毛泽东思想、邓小平理论、"三个代表"重要思想、科学发展观和习近平新时代中国特色社会主义思想的基本观点，逐步树立社会主义和共产主义信念。

学会学习：具有比较扎实的科学和文化知识，有自我学习、钻研的能力，掌握有效的学习方法，为自身持续发展打下基础。

学会工作：具有较强的实践动手能力，应用理论知识分析问题、解决问题及组织协调能力。

学会创造：具有创新的意识、创业的勇气、创造的本领，善于捕捉新的信息，善于进行知识迁移，善于从事科学试验和探索新事物。

学会合作：具有集体主义精神和善于合作的团队精神，与人为善，坦诚待人，合作共事。

学会健体：具有良好的身体素质和一定的体育与卫生保健知识，掌握体育运动的基本技能，养成良好的体育锻炼习惯。

学会审美：具有一定感受美、鉴赏美和创造美的能力，情操高尚、情商发达、情感丰富、心理健康。

（七）大学生素质教育的特色

大学生素质教育既包纳了传统高等教育之精华，又汲取了现代高等教育之长处。

1. 在结构上，大学生素质教育是一种全时空的立体教育

素质教育能带来人才结构的大调整、能为社会发展输送不同层次与类型的全面发展的人才、能全面提高全民族的素质，素质教育自身就必然超越课堂，也超越学校，结构上成为一种大教育，一种包含不同类型不同层次的立体教育。在这个意义上，真正普及九年义务教育、重视学前教育、加强中等教育、突出职业教育、改革与发展高等教育，也即提高全民族素质的一切教育活动，我国教育体制本身就是一种素质教育，素质教育首先是政府行为，然后才是学校行为，首先是国家教育，然后才是学校教育。正因为我们政府坚决全面实施素质教育，所以我们的教育从制度上看应该是全面提高全民族素质的教育，是一种全时空的立体教育。

在时间上，大学生素质教育至少应有两个层面。大而言之，它应贯穿从幼儿园到小学到中学到大学所有的教育阶段，不留教育空档。小而言之，大学生从早上踏进教室门，到晚上回到宿舍，都应在素质教育的影响范围里。

在空间上，第一，素质教育不但实施于普遍教育，而且实施于职业教育，只有普遍教育与职业教育协调发展，才谈得上真正实施素质教育。第二，素质教育尽管主要实施在教室在课堂，但教室外的其他场所，学校的运动场、图书馆、食堂、走廊，甚至于厕所等一切空间场所，都应有素质教育的因素，让空间说话，让墙壁说话。第三，素质教育实施在学校，但其影响不能只限于学校，而应超越学校，应该让学生带着或深或浅的素质教育的烙印走向家庭，走向社会，同时也让社会、让家庭、让其他相关场所都渗透素质教育思想。

时间上的连续和空间上的广延，就是大学生素质教育的重要特色，它是使大学生蕴含其中的教育，是大学生无法脱离、无从逃逸的教育，换言之，使大学生的整个时空都充盈着素质教育——这就是跨世纪的教育的追求。

2. 在过程上，大学生素质教育是一种多途径的整体教育

所谓多途径的整体教育，这里主要指一切显性的和隐性的教育、学科的

和非学科的教育、课内的和课外的教育。

大学生素质教育的显性方面指一切正式的有计划有目的的教育教学活动，包括上课、劳动、课外活动、班会活动等。只要体现素质教育特色，那么一切列入教育教学计划、有目的有意识来展开的活动，都应看作显性的素质教育。

所谓隐性教育，近似隐性课程，也可视为掩藏的教育，与显性教育显性课程相对，主要指正式教育计划之外的各种活动、各种规章制度、各种人际关系等带来的对大学生的教育与影响，这些教育与影响是没有列入计划的、没有预期到的，所以将它称为隐性教育——隐藏在正式教育之后的非公开的教育。隐性教育可以与显性教育的方向一致，促进与有利于显性教育。也有些隐性教育与显性教育相对抗相冲突。要充分利用隐性教育，最关键的是改进显性教育，因为许多隐性教育是显性教育的某种变形或影子，也即有什么样的显性教育，就会出现特定的隐性教育，显性教育的本质将折射出隐性教育来。

隐性教育对显性教育的冲突对抗，首先来自显性教育自身的片面性虚伪性。比如，平时的正式教育中，我们总是自觉地将英雄模范、革命领袖描写成为君子圣人式的人物，从小就有大志、就关心人、就很聪慧，长大后更是叱咤风云、一贯正确，从不犯错误，从来没有人皆有的某些人性上的缺陷。也许通过这种教育我们达到了一时的目的，但这种教育实质上隐含着另一种教育的阴影：一则将这类人物不自觉地看成"超人"，可望而不可即，失去了学生们努力赶学的动力；二则一旦学生从其他媒介如家长或社会上的其他人那里了解到，这类英雄和领袖也犯过错误，也有许多缺陷，学生们就会感到失望，心中的偶像就会倒塌，而一时又整合不过来，造成不良的后果：或觉得自己受骗而失去了对教育的信任，或认为原来的一切都是假的，失去心中的精神支柱与人生准则。这种隐性教育其实已附着在显性教育身上，是显性教育互动下的产品,必须对显性教育进行重新设计,否则甩不掉不良隐性教育的阴影。

隐性教育对显性教育的冲突也来自一些非活动性的事物。比如,学校建筑,这是沉默的教育。不同的建筑风格凝固着不同的教育理念,中国高校那绵延数里的围墙,不是从反面制约着教育的开放性吗?或者说围墙本身告示人们:我国高校的封闭性传统和远离社会尘世求一方净土的文化意蕴。我们那千篇一律的秧田式排列的教室,不正是教师中心主义的物化吗?这种教室排列,意味着有前后有上下,教师在前在上,学生在后在下,教师在台上滔滔地讲,学生在台下静静地听,教师是中心,学生指向这一中心,在这种教师中心主义的固定模式中,欲打破这一中心,又谈何容易!因为一边是有意打破这一中心的变革,一边是静悄悄地灌输保存这一中心的无形教育,这种无形教育对有意变革产生着一定的制约力。当我们漫步街头,千家万户那铁门铁窗铁栏的装修已经将所谓社会治安形势如何好的大众宣传击得粉碎。隐性教育就是这样,情无声息地摆弄着显性教育,它的力量那么大又那么柔,那么久远又那么自然,人们受了教育而又毫无察觉。

素质教育不但要兼顾显性教育与隐性教育,还得兼顾学科教育与非学科性活动中的教育,兼顾课堂内的教育与课外教育,构建一个多途径多形式的整体教育模式。

3. 在性质上,大学生素质教育是一种以学生为中心、以社会为基础的主体教育

创立一个美好的社会是重要的,塑造完美的人自身是同等重要的。是人本位还是社会本位或者知识本位,一直是教育界未能解决的难题,尤其是人本位与社会本位,更是不易整合。这有其渊源。

早在希腊奴隶社会,古雅典以培养和谐发展的人为重点的教育和斯巴达以强大的国家安全为重点的教育,形成鲜明对比。两种典范的教育发展变化,逐渐形成不同重心的教育模式:一种以培养人格和谐发展的人为主,人的发

展个体的完善是最重要的，人是第一的，人为中心。一种以培养服从国家需要的人为主，国家与社会的发展是最重要的，个人为国家与社会的发展可以牺牲自己的发展，国家是第一的，国家为中心。前者的极端可能导致个人本位、个人至上，后者的极端则可能导致民族中心主义。

今天看来，无论是个人本位还是社会本位，都不是人类的真正福音。大学生素质教育要突出学生的个性舒展，但个性的舒展也得注意现实可能性，否定个性发展的现实可能性，最终将不是达到完善和谐的个性发展境界，而是有可能毁掉这种和谐发展的基础。所以，大学生素质教育必须兼顾二者，既要满足社会对人才的需求，教育大学生以国家以社会为重，又要充分尊重与发展学生个性，培养身心和谐发展的新人，教育全社会关心爱护培养大学生。在社会发展的基础上突出人的发展这一中心，使个人本位与社会本位有机结合。使以人为重心的教育与以社会为基础的教育有机结合，这应是素质教育的又一重要特色。与此同时，我们还要注意以知识为中心的知识本位与个人本位教育模式的对立与整合。在某种意义上我们可以说传统的应试教育是以知识为本位的，重在教书教知识，要把书本规定的知识教出去、教完，在此基础上达到教人的目标，教人的重点落在教人掌握书本知识上。书本与知识在实质上成为教学的中心，一切都服从它，包括学生的发展都得以它为基础，或者说，学生的发展程度是与知识掌握程度相一致的，知识获得是最高标准。在应试教育下，学生学得辛苦，有过重的学业负担，因为知识成了轴心。在应试教育下，学生懂得了书、背得出书，但书以外的世界往往被遮挡住了，阻隔在教室之外、书本之外。正是鉴于这一现实，有人走了另一个极端，呼吁素质教育成为一种人本位的教育。这一呼吁可以理解，但不能让它成为另一现实。大学生素质教育应是以大学生为中心、以社会为基础的教育，重在把大学生教好。在此前提下达到掌握书本、掌握知识的目标，这里的书本与知识都服从于大学生的发展，为了大学生发展，大学生为本，书本与知识是次要的。所以在素质教育下，大学生学得轻松活泼不会出现严重学业负担过重现象，因为学生成了轴心。一旦学生成了轴心，一旦以人的兴趣为借口来冲击系统知识教学，教育教学又将走上与社会发展有所冲突的轨道。

对人的重视，本身既是应试教育即知识本位教育步入危机与困境的产物，同时也是教育者们想走出危机与困境，探寻一条新出路的努力。知识本位对于科学知识的获得，对于学生基本功的养成，对于学生未来参与竞争的实力培养，提供了较为行之有效的教育模式，这一点不能放弃。当前问题的关键不是知识多了，而是知识背后那种精神、那种追求、那种人格和谐的内在力量少了。所以有必要突出人的教育。个人本位对于学生个性和谐发展，对于学生主动性、能动性、创造性的养成，对于学生参与未来竞争的心理素质的提高，提供了行之有效的教育模式。前者重在技术性经验性工具的掌握，一旦掌握就可实用；后者重在终极性先验性价值的获得，一旦获得也受益无穷，既使人类受益也充实个人。可见，将知识本位与个人本位、也与社会本位融为一体，相互渗透、交叉，就可能构成素质教育主体教育模式。

所谓主体教育，不仅是知识获取的教育，而且也是学生所有心理因素都被充分激活、都参与其中的总体生命活动。主体教育不仅仅是知识的阶梯，也是灵魂唤醒和人格陶冶的中介。这种主体教育不仅仅是理性认识和知识积累的过程，它也是使学生在获得知识的同时获得全面实现自身潜能的能力并在这一主体性活动中实现自己本质力量的过程。这种主体教育将成为学生"精神拓展和潜能开发的真正空间"，培养学生在不断的自我超越中由自然人达到自由人，由片面的人转化为全面的人。这种主体教育也将成为社会发展的重要动力源，它通过人的自身完善的历史实践去不断改变现实时空，开创崭新的未来。这种主体教育是一种以人为中心、以社会为基础的多本位的素质教育，而不是任何单一本位的教育。然而应该指出的是，这种主体教育有宏微观之不同侧重，以人为中心体现出主体教育的微观方面，以社会为基础则反映了主体教育的宏观方面。大学生素质教育必须从这两方面来认识。如果以为人本位的教育将成为时代的体现者，那么这种教育也将成为时代的牺牲者,恰如社会本位和知识本位的历史命运一样。

4. 在目标上，大学生素质教育是一种培养多种人才的复合性教育

大学生素质教育既要强调素质的现实功能与工具理性，为社会政治经济发展出力量，又要强调它的理想功能与价值理性，为人类的未来做贡献。我们既要沉下去，为社会提供广大有较高素质的普通劳动者、普通公民，又要升起来，敢于理直气壮地为社会为人类造就各行各业的拔尖人才、诺贝尔奖获得者和学术思想巨人。中国已向人类贡献了孔子和博大精深的儒家文化。中国不仅有能力有希望成为物质上的强国，中华民族还有能力有志气成为思想上的学术上的伟大民族；中国能创造举世震惊的经济增长速度，也能向全人类输送受益无穷的思想伟人。

以实用为目的大众教育，无论花多大气力来办，都不称过，与此同时，杰出科学家、伟大思想家的造就、纯学术理论的教育，恐怕也是须臾不得放松的。大学生素质教育要有两种方向：一是向下突破，培养返归世俗在农田里打滚的高素质人；一是向上突破，培养在学术天空自由翱翔的理想主义价值取向的人，大学生素质教育任重而道远。实施大众教育，向社会输送成批合格劳动者与提高教育质量培养杰出人才本质上决不矛盾，这是当今人才队伍之洪流中主体与浪头罢了，没必要截然割裂。

那种将大学生素质教育仅仅理解为大众教育的认识有失偏颇。大学生素质教育要面向全体学生的所有方面，不等于让全体大学生等同进步齐一发展没有优差，在大学生素质教育中，同样有优等生，有中等生，有差等生，只不过在素质教育中所有的大学生都将获得自身基础上的最大发展。

5. 在师资上，大学生素质教育是一种人人参与的全员教育

本质上素质教育仍然是一种育人的活动，但这种育人的活动应该调动教

育界乃至全社会的每一个人的积极性。从局长到司机，从校长到勤杂工，从教授到工人，全员行动，全员育人，将素质教育变成人人参与的教育活动。

教书育人、服务育人、管理育人。一切为了学生，为了一切学生。将素质教育渗透于高校教育的全过程，已成为一些高校的共识。但也有不少学校并未清晰意识到这一点，服务、管理工作没有与教育教学工作相匹配，教师在课堂上大谈热心工作、诚心待人、礼貌用语、文明卫生等，学生则在食堂、在图书馆、在卫生所、在商店看到截然不同的另一番景象，受到另一种教育。这是又一种与显性教育相冲突、相对抗的隐性教育。

要使隐性教育与显性教育在这一层面上相一致，要想真正实施大学生素质教育，必须教育界人人参与人人投入，将素质教育变成全员教育。

总之，大学生素质教育的特色，在结构上，它是一种全时空的立体教育；在过程上，它是一种多途径的整体教育；在性质上，它是一种以人为中心、以社会为基础的主体教育；在目标上，它是一种培养多种人才的复合教育；在师资上，它是一种人人参与的全员教育。

（八）大学生素质教育的内容和要求

1.政治素质、思想素质和道德素质

内容：①政治素质是指对党的路线、方针、政策持有的根本立场和观点，参政议政的意识，对祖国、对人民怀有的感情。②思想素质是指树立正确的世界观、人生观、价值观，每个人所具有的思想意识、思想方法和思想作风以及明辨是非、判断真伪的敏锐性。③道德素质是指具有的社会公德、职业道德和行为美德。

要求：①了解中国的历史和国情，继承和发扬中华民族优秀文化传统和中国近代革命斗争传统。能够视国家利益为最高利益，立志为实现我国社会主义现代化建设目标而奋斗，做一个忠诚的爱国主义者。②坚持以经济建设为中心，坚持四项基本原则，坚持改革开放，学会识别和抵制各种背离四项基本原则的错误倾向，坚持走建设中国特色社会主义道路。③努力学习马克思列宁主义、毛泽东思想、邓小平理论、"三个代表"重要思想、科学发展观、习近平新时代中国特色社会主义思想，掌握辩证唯物主义和历史唯物主义的基本原理，崇尚科学，追求真理，反对迷信，逐步树立起远大的共产主义理想。④树立以社会主义、集体主义为核心的人生观和价值观。努力为人民服务，发扬对国家和人民的奉献精神，正确处理国家、集体、个人之间的利益关系，反对拜金主义、享乐主义和极端个人主义。⑤养成高尚的社会主义道德品质和文明行为习惯。能够遵守社会公德，讲究职业道德，弘扬传统美德。严格遵守校规校纪，维护校园的安全和秩序，做文明学生和文明公民。⑥树立社会主义民主法制观念。自觉维护和遵守宪法和法律，正确行使法律所赋予的民主权利，自觉履行法律所规定的义务，知法、守法、用法，维护学校和社会稳定。

2. 文化素质

内容：文化素质包括人文素养和科学精神两方面。人文素养是一种内化于人的心灵深处的精神气质和人格品质，既反映主体（人）对文化客体（文化知识）的认识关系，更反映主体对文化客体的一种价值关系。它是通过人类的文化即人文社会科学的学习和教育、博雅文化氛围的熏陶、教师为人师表言行的潜移默化和学生自身的体验及参加高品位活动而养成的，是一个人的精神、气质和人格品质的综合反映，也是一个人的灵魂净化和情感升华的综合体现。

人文教育不仅要给学生传授人文知识，还要培养人文精神，即通过把人类特别是本民族积累的精神财富传授给学生，使其能洞察社会、完善心智、净化灵魂、通晓人生的目的和意义，明确自己对民族、对社会应承担的责任和义务，乐于将自己的毕生精力奉献给社会。

科学精神培养就是着重对大学生进行科学技术知识的传授、科学思维能力的培养、创新能力的训练，为其自身可持续发展、适应现代化社会生活及科技工作需要，奠定坚实的基础。

要求：①具有较高的文化素养，基本了解中国的历史、地理、风土人情；有较强的文字写作能力、演讲表达能力、组织领导能力、社会交往能力、艺术鉴赏能力等；有健康的业余爱好、高雅的审美情趣和正确的审美观点，能够辨别是非、曲直、美丑。②掌握自然科学基本理论、基本知识和基本技能，具有较强的逻辑思维能力。③懂得一定的经济、法律、管理、环保等方面的基本知识，初步具备经济的头脑、法制的观念、管理的才能和环保的意识。④培养学生讲文明、懂礼貌、有文化、守纪律，成为有情感、有品位、有高尚人格的人。

3. 专业素质

内容：专业素质是指学生在系统地掌握专业基础知识和专业知识的基础上所具有的知识结构，认知、分析和解决实际问题的能力，在实际工作中运用外语和计算机的能力等。

要求：①具有正确学习目的和学习态度，养成勤奋好学、刻苦钻研、勇于探索、不断进取的良好学风。②系统地掌握有关专业基础知识和专业知识，基础扎实，知识面宽。③掌握学习现代科学知识方法，积极参加社会实践、科研和学术活动，善于了解本学科发展的动态和新技术。④熟悉了解医学相关专业知识，在实际工作中能熟练使用外语和计算机等辅助工具。

4. 身心素质

内容：身体素质是指学生健康的体魄和机能，是学生健康成长的基础。加强大学生身体素质教育是素质教育必不可少的一个重要内容：一方面运用各种适当的方式使学生锻炼体魄，增强体质，掌握基本的体育锻炼方法。另一方面对学生进行健康教育和各种常见病、传染病的防治教育，保证其健康成长。心理素质是指人的意志、情感、自尊、自信、自知、自警的能力和心理品质，它包括智力因素和非智力因素。从大学生的心理特点和行为表现来看，应把非智力因素的培养作为加强大学生素质教育的重要方面。从根本上说，是要形成和保持健康的心理，发展个性，使学生自主、愉快、生动、活泼地发展。

要求：①树立科学的健身强体和终身锻炼的意识，懂得常见疾病的预防和在运动中自我保护、自我救护的基本知识。②具有自尊、自爱、自律、自强的优良品质；适应环境的心理调适能力；不畏困难，不屈挫折、坚忍不拔、百折不挠的毅力和豁达开朗的乐观主义精神。③养成良好的生活和锻炼习惯，掌握基本的体育运动技能，在校期间能达到国家体育锻炼标准。

5. 创新精神和实践能力

内容：创新精神是指大学生在学习、工作中表现出的创造发明素养（包括独到见解、独特方法）。实践能力是指大学生完成实践环节、学习任务，参加社会实践和社会活动以及运用所学知识解决生活、生产、技术等方面实际问题的能力（包括对事物敏锐的观察能力和分析能力，敢于接触实际、提出问题和解决问题的动手能力，以及处理工程实际问题时所需要的协调能力）。

要求：实践是创新的基础。必须为学生构筑一个合理的实践能力教育体系，并从整体上策划每个实践教学环节。这种实践教学体系是与理论教学平行而又相互协调、相辅相成的。应尽可能为学生提供综合性、设计性、创造性比较强的实践环境，让大学生在 4 年中能经过多个实践环节的培养和训练，这不仅能培养学生扎实的基本技能与实践能力，而且对提高学生的综合素质大有好处。

（九）制约大学生素质教育的因素

社会主义市场经济体制的逐步建立和现行教育制度之间的矛盾随着社会经济的发展进一步显露，高校教育观念与知识经济时代的人才需求标准还有一定差距,这都影响着大学生的人生观、价值观、世界观的形成,对大学生的自身发展有一定的限制。具体分析,有以下几个方面的原因。

1.我国原有的教育体制制约着素质教育的实施

大学生即将面对的是需要有创新意识、一定专业技能高素质人才的知识经济社会,而传统的教育体制要求大学生首先要通过各种考核,这就使得他们必须先去应付考试,无形之中,产生了一部分高分低能的"优秀"人才。但步入社会之后,却连一些最基本的问题也解决不了,不论是对用人单位,还是对大学生本身,都是一个不小的打击,使大学生对学校的教育或多或少地产生了怀疑,挫伤了学习的积极性和主动性。

2.市场经济的一些消极因素对素质教育产生了负面影响

国家实行招生并轨政策后,由于客观上的原因,人才就业市场还不十分完善,一小部分人趁着过渡时期政策的不完善,拉关系、走后门,为子女找工作,有些大学生看到这些现象,觉得没有希望,失去提高自己各方面能力的信心。市场经济提倡个性化发展,使得大学生的个人主义观念有所抬头,影响了他们对客观事物的判断。社会经济快速发展以后,家庭、学校以及大学生经常接触的环境也都发生了很大变化,由于大学生本身条件的制约,对外来物质利诱的抵抗力是有限的,在潜移默化中价值观念也会发生变化。

3.大学生对素质教育的内涵还不完全清楚,缺乏参与意识

部分大学生没有明确的学习目的,也就没有了动力。在校大学生因忙于学习专业知识,用于提高自身素质的时间相对较少,对素质教育的知识了解甚少,不知道应该怎样参与。学校素质教育环境不完善,也制约了大学生对自身素质提高的参与意识。上述这些因素综合作用,造成目前大学生参与素质教育的积极主动性较差这一结果。

4.大学生对传统的"课堂说教"有抵触情绪

大学生正处于人生中的第二个"心理断乳期",对所面临的事物一般持批

判怀疑态度。具体表现为，在有心事时，找朋友诉说的较多，对老师和家长的信任度有所下降。这除了大学生自身原因外，还与个别家庭和教师的教育方式不当有很大关系。

5.学校的育人环境仍需继续改善

多年来形成的教育观念，认为加强大学生素质教育仅仅是思想政治教育工作者的职责，与其他专业教师和行政人员无关。但在实际教学与生活中，教师的言行举止对大学生行为的影响也不容忽视。因此，坚持教书育人，"为人师表"应当是学校对每个教职员工最基本的要求。

（十）大学生素质教育的推进

实现现代化，必须有知识，有人才。人才问题，是关系到国家盛衰、民族强盛和现代化建设成败的战略问题。在知识经济时代，国家综合国力的竞争，是经济、科技的竞争，但归根结底是知识、人才乃至国民素质水平的竞争。面对世界高科技发展的严峻形势，中国要在世界高科技领域占有一席之地，必须有大批具有创新才能的专家和高素质的人才。百年大计，教育为本。教育是实现社会主义现代化的基础，肩负着提高劳动者素质和培养专门人才的重要任务。全面加强学生的素质教育，是高校义不容辞的责任。我们要从以下几个方面全面推进大学生素质教育。

1.提高大学生素质教育的思想认识

全面推进素质教育，大力提高全民族的素质，培养具有创新精神和实践能力的优秀人才，是全面推进现代化事业的必然选择，也是中华民族自立于世界民族之林的根本保证。在当前复杂的国际环境和社会大变革的时代条件下，只有坚持贯彻和落实"素质教育"这一战略性教育方针，才能及时排除和战胜不正确因素的干扰，才能保证国家的路线、方针、政策落实到基层，才能保障社会主义现代化建设事业顺利进行。高校作为培养知识经济时代高素质人才的重要基地，必须从战略和长远的角度出发，从思想上认识到加强大学生素质教育的重要性和紧迫性。

2. 理论与实践结合研究大学生素质教育

理论与实践结合是大学生素质教育的研究取向。大学生素质教育是一个长期的过程，不可能脱离现实的基础直接到达理想境界。要以促进教育改革和发展为目标，建立素质教育研究、教育政策、教育实践的密切联系，强调教育理论工作者的求实精神、人文关怀、决策的可行性、教育实践者的主体创造性。继续完善素质教育理论，研究方法取向上走向理论与实践结合，挖掘素质教育的成功样态，从教育实践中总结、提炼、概括、丰富素质教育理论。强调不同主体的积极合力的形成，提高不同主体的责任意识与能力。推进大学生素质教育必然是一个边研究边实践的过程，是一个加强领导与发扬民主相结合的过程，需要充分发挥专家的引领作用和广大高校教育工作者以及社会各界的创造精神与教育智慧。

3. 大学生素质教育着重强调三方面的教育

强化和提高大学生的素质，既要讲整体性，也要讲重点论。针对目前大学生教育的弱点和弊端，即过窄的专业教育、过弱的文化陶冶和过重的功利导向，高校应着重强调三个方面的素质教育。

一是德育。高校德育应坚持用马克思列宁主义、毛泽东思想、邓小平理论、"三个代表"重要思想、科学发展观、习近平新时代中国特色社会主义思想教育、武装和引导学生，倡导马克思主义的世界观、人生观、价值观，坚持把爱国主义、集体主义、社会主义的思想教育搞得更加生动、扎实、有效。

二是人文教育。人文教育可以使学生懂得什么是正义，什么是真理，什么是高尚，什么是邪恶，什么是卑鄙，树立正确的价值观，懂得我国的历史、国情，懂得世界的历史，以激发其爱国主义情怀和集体主义精神。为此，高校应把提高大学生文化素质作为21世纪教学改革的重要内容。

三是创新教育。高校要突出创新教育,首先要采取灵活多样的办学模式,因材施教,树立学生的创新意识,唤起学生的创新冲动,鼓励学生的创造尝试。同时,要从创造型人才素质结构出发,优化课程结构体系,加厚加宽基础课程,培养学生创造性地解决实际问题的能力。强化和提高大学生的素质,还需要内因和外因的默契配合。从内因上讲,要求每位大学生都要树立远大的志向和抱负,对自己高标准、严要求。具体应做到"三有""三会""三不怕"。"三有",即有目标,有信心,有毅力。"三会",即会做人,会做事,会创造。"三不怕",即不怕苦,不怕难,不怕失败。从外因上讲,高校在教育思想和观念上,应实现"四个转变",即由注重专业对口教育向注重综合素质教育转变;由注重知识传授向注重创造能力培养转变;由单一培养模式向因材施教、注重厚基础之上的个性发展转变;由注重书本知识向注重实践能力培养转变。高校教师不仅要"德高、博学、奉献、自强",而且在教育教学上应确立五大观念,即质量观念、效益观念、适应观念、创新观念、综合观念。

4.构建大学生素质教育的体系

高校实施素质教育是社会发展的必然,高校要依据大学生身心发展特点,从思想政治素质教育、身心素质教育、文化素质教育、专业素质教育和就业创业素质教育等方面,构建高校素质教育体系。

(1)大学生素质教育体系构成

根据高等教育的特点,大学生素质教育体系主要有五个方面,即思想政治素质教育、身心素质教育、文化素质教育、业务素质教育、创新创业素质教育。

思想政治素质教育作为中心,是整个素质教育体系的灵魂;大学生身心素质和文化素质随着年龄的增长和受教育层次的提高及社会环境的影响都会发生变化,大学生业务素质教育体现在专业教育方面,为他们从事就业或创业奠定专业基础。但在大学生素质教育过程中应加强与思想政治素质教育的融合，使他们成为祖国建设的真正人才。大学生素质教育是一个系统工程，在这一体系中各要素之间相互联系、相互配合、相互作用、共同发展，最终才能实现对大学生综合素质的培养。

（2）大学生素质教育体系构成分析

①思想政治教育是素质教育的灵魂

在实施素质教育的过程中，思想政治教育是素质教育的灵魂。

思想政治素质主要包括两个方面的内容：一是马克思主义理论、信念和政治方面的素质，主要体现在一个人的世界观、人生观、价值观及对社会主义的坚定信念和对祖国、对人民的无限忠诚等。二是思想品德方面的素质，它主要体现为一个人的道德品质、思想修养和道德境界，体现为对人民、国家、集体能否献身的精神等。这两方面的内容构成了对学生进行思想政治素质教育的中心。只有树立起正确的思想观念，培养出良好的道德品质，才能够有效地激发出他们的创新精神和创新智慧。

思想政治素质教育依托人才培养的全过程，渗透到素质教育的各个环节。思想政治教育固然是素质教育的灵魂，但灵魂也必须有所依托。因此，思想政治教育不能脱离学生的身心素质教育、文化素质教育、业务素质教育和创新创业素质教育。思想政治素质教育只有渗透到各个环节才能获得时间、空间上的极大拓展，才能真正贯穿到创新人才培养的全部领域和全部过程。

②身心教育是素质教育的载体

素质教育必须依附于一定的载体，才能发挥其作用。大学生的健康体魄和良好的心理正是进行素质教育的载体。在实施素质教育过程中，必须依据不同年龄、不同层次、不同类型学生的身心发展特点进行个性素质教育。因为，每个学生的遗传特性、所处环境、所受教育以及自身努力程度不同。处在同一发展阶段的不同个体既有共性的相似，又有个性的差异，形成了学生个体身心素质"内化"的差异，这种客观存在的差异要求素质教育必须根据载体身体和心理的不同采用不同的方式和方法进行教育，这样才能使抽象的素质依附到载体上，从而达到素质教育的目的。

大学生的身心素质，特别是心理素质对其他素质的深化有着明显的影响。其表现为：心理品质直接控制着人体的生理活动，调节着活动能量的释放，对增进人的生理机能和提高人的身体素质有着重要影响；良好的心理素质是内化专业知识和创新意识的必要主观条件。认知心理能力直接关系到内化的方式、过程及效果，情感、兴趣等则是内化过程中的动力因素；良好的心理素质包含道德认识、道德情感及道德意识等方面的因素，只有遵循学生的心理发生、发展及活动的规律，品德教育才会有所支配，这种支配对他们接受素质教育有着直接的影响。因此，在进行素质教育时，必须加强学生的身心素质教育。

③文化教育是素质教育的基础

文化教育是素质教育的基础，它可以为学生的业务素质和创新创业素质的培养提供广博而深厚的文化底蕴。科学发展的实践证明，创新不仅来源于对问题的深入钻研，也得益于深厚和宽广的知识面。有丰富的知识才能产生联想和综合，才有新的思想产生，尤其是在当今的知识经济时代，人们面对科学技术问题、经济问题、生态环境问题等都是一个复杂的系统，都需要运用多学科的知识进行综合研究，加以解决。因此，广博的文化知识能为业务素质和创新创业素质的培养提供坚实的基础。

文化素质教育包含广泛的知识内容。其主要包括文史哲基本知识，艺术的基本修养，国内外优秀文化成果等。在实施文化素质教育时，应针对不同的学生开展不同的教育。对理工科学生应加强文学、历史、哲学、艺术等人文社会科学的教育，对文科学生应加强自然科学知识的教育，以提高全体学生的文化品位、审美情趣、人文素质和科学素质，进而提高大学生的创新创业素质。

文化素质与其他素质教育是相互联系，相互影响，相互促进的。加强文化素质教育可以为大学生的思想道德素质提高奠定文化基础；有助于学生理解专业知识，掌握专业技能，从深层次上推动业务素质教育；有助于学生正确认识人与自然、人与社会、人与人的关系、懂得生命存在的价值，从而爱惜生命，自觉地注意自己的身心健康；有助于完善学生的科学思维方式，挖掘他们的创新潜能，使其创新意识提高。其他素质的提高，反过来又会促进学生对文化素质教育的认识，提高学生参与文化素质教育的积极性。

④业务教育是素质教育的内核

业务教育是素质教育的内核，是学生进行创新创业的知识储备。培养具有创新素质的人才，必须在教育思想、培养模式、专业设置、教学内容、教学方法等方面进行一系列的改革，构建适应与创新人才培养的专业教育模式。该模式下培养的人才，应具有基础扎实、知识面宽、能力强、有专业特色等特征。基础扎实是专业人才进一步发展的前提，也是体现终身学习能力的衡量标准之一。现代科学的综合性与交叉性，需要人才具有广阔的知识面，成为复合型的专业人才；学习的最终目的，不在于求知，而在于致用。因此，专业能力的培养是业务素质的主体，通过专业教育使学生具有专业知识的运用能力和实践操作能力，为专业创新奠定基础；科学的发展呼唤着宽口径、有特色的专业人才，这已成为科技创新对专业人才要求的趋势。业务素质教育是一种综合教育，当学生把知识、能力和特色有机统一，内化为自身的专业素质之后，将成为专业创新的巨大动力。

实施素质教育，必须建立与素质教育相适应的专业教育体系，实行学生自主选课和双向选择教师,全面推行辅修制,为学生提供更加广阔的自主学习空间,学生可以根据自身的特点、发展方向和市场需求等因素进行选择,或通过辅修及扩大选课面,建立合理的知识结构,以增强自身的业务素质。通过自主学习,学生可以把现代知识所内含的理性精神和主体创造精神内化为业务素质。同时,也为学生各种素质之间的结合创造了良好的条件。

⑤创新创业教育是素质教育之本

大学生具备了良好的思想品德素质、身心素质、文化素质和业务素质之后,并不代表他们具有较强的创新创业能力。因为,创新创业需要创新意识的培养、思维的训练和创新技法的使用。创新创业素质教育为学生各种内化的素质向创新素质转化架起了一座桥梁,从而使多种素质相融合,使大学生的创新创业能力得到进一步加强。

培养创新创业素质的人才,必须进行创新创业教育。创新创业教育是社会发展的需要,它是根据创新创业的一般原理和规律,开发学生创新精神和创业能力的一种新型教育。它与传统教育有着明显的区别,它强调合理的知识结构以及获取知识的方式,根据学生的思维特点和才能情况,因材施教,把他们培养成为不同层次的人才。创新创业教育的最终目标是全力以赴开发学生的创新精神和创业能力,使他们成为我国在激烈国际竞争中始终立于不败之地的栋梁之材。因此,缺乏创新创业的素质教育,就构不成大学生素质教育科学体系。

5. 探索大学生素质教育运作规律

实施大学生素质教育是我国高校教育改革的方向,推进大学生素质教育实施也就成为高校教育工作者义不容辞的责任。研究大学生素质教育原理,探索大学生素质教育运作规律,对于大学生素质教育的顺利实施和提高教育质量,培养具有时代特征的社会主义建设人才有着十分重要的意义。

大学生素质教育要以马克思主义哲学为最根本的理论基础,坚持"以人为本"的理念。这就要求我们必须把握和遵循大学生基本认识规律和发展规律。

（1）遵循基本认识规律

辩证唯物主义认识论认为，认识事物，要经历由感性认识上升到理性认识，透过现象认识本质的过程。人们对事物的认识，可以划分为三个阶段：事实认知阶段、个体评判阶段和社会评判阶段。事实认知阶段是指人们通过观察、比较、记忆对事物的感性认识阶段。个体评判阶段是指人们在感性认识的基础上，从个体的角度，按照个体的标准对其认识对象做出评价的阶段。社会评判阶段则是人们按照社会的普遍的标准对其认识对象做出评价的阶段，包括对个体评判结论的重新认识和协调。这三个阶段相互联系，层层深入。事实认知阶段是认识的起点，是人们对事物的事实判断，个体评判阶段和社会评判阶段是在事实认知基础上的深入，是对认识对象的价值判断。大学生素质教育要遵循人的认识规律。

（2）遵循大学生的发展规律

大学生素质教育是充分发挥大学生的主动性和潜能的教育，是顺应大学生的发展规律而因势利导的教育，是塑造大学生完美人格的教育。所以，作为教育者，在把握、遵循大学生基本认识规律的基础上，还必须遵循大学生的发展规律，针对不同的教育对象，针对大学生所处的不同的认识阶段，有目的有计划地采取合理的教育方式和教育手段实施教育活动。

根据认识规律，事实认知阶段是认识的起点，只有把握正确的起点，为更深入地认识事物奠定基础，才能正确地认识事物。所以，我们在教育活动中要坚持实事求是的原则，要让受教育者去感知世界的真实情况。可以采用实物展示、实地参观、实地调查等方式，培养他们观察、比较、记忆、分辨等感性认识能力。在事实认知阶段的教育中，教育者必须求真务实，只有在真实的基础上，才能引导受教育者形成正确的世界观、人生观。

个体评判阶段是受教育者充分展示其个性特征的认识阶段，他们的真实的思想情感往往在这时显露出来。在这个认识阶段，由于个体的差异性，他们的评判结论也必然存在差异，教育者必须认识到这种差异存在的合理性，在尊重大学生的评判结论的前提下对此加以辩证分析。教育者更应当以欣赏的态度对大学生结论中合理的部分予以肯定和适当的赞扬、鼓励，以激发他们思考问题的积极性、创造性。教育者还可以利用这个机会去了解他们认识问题的角度，评价事物的标准，通过分析，把握他们的特点，发现他们的优点，进一步了解他们的思想情感，为因材施教，因势利导奠定基础。从教育方式上看，教育者可以采用交流、辩论、启发等教学方法，引导他们去了解更多、更广领域的知识，充分发挥他们的主观能动性，培养他们的独立性、创造性，提高他们认识问题、分析问题的能力。

社会评判阶段是认识的最高阶段，是人社会性的体现。人是社会性的人，是有理性的，所以人们对任何事物的认识，都不能仅凭自己的好恶去认识判断，我们还必须遵循社会的普遍规范，符合事物发展的规律，我们的主观世界也应顺应时代发展的趋势。因此，在这一阶段的教育中，我们要让受教育者了解、明确社会的普遍规范、事物发展的基本规律和时代的发展趋势，使他们能以符合社会普遍规范的标准对其认识对象做出评判，并能对自己的个体评判结论重新认识、评价、修正。以培养他们辨别善与恶、美与丑的能力，树立客观、公正、遵循社会规范的观念和服务社会的理念，将他们培养成具有高尚完美人格的现代公民。

总之，在大学生素质教育活动中，我们必须遵循大学生基本认识规律、发展规律，才能切实地贯彻现代教育的新思想、新理念，推进大学生素质教育的实施，才能培养出具有时代特征的社会主义建设高素质人才，才能促进大学生全面发展，达到素质教育目的。

6. 寓教于课堂教学之中

课堂教学是大学生素质教育的主渠道，在课堂教学中发展大学生的素质、内化大学生的素质、内生大学生的素质。

（1）发展大学生的素质

要发展大学生的素质，必须创设良好的教育教学情境，充分发挥大学生的身心潜能，充分利用环境、教育影响、生理与心理的、智力与非智力的、认识与意向的等各种因素。

①创造良好教学情境、激发大学生的身心潜能。在教学中应尽可能创设良好的情境，发挥教师的主导作用，并赢得大学生的配合。促进师生之间的情感交流，触及学生的精神和意志的需要，提高教学效果。课堂教学活动是由教师、学生、课程、方法、时间和环境等要素构成的。高校教师必须充分利用各种条件创设良好的情境，如直观教具、教学仪器、图表、幻灯软件、多媒体教具、录音机、电视机、计算机等。同时采用各种手段丰富情境，必须真正理解不同的声音语调、不同的面部表情、不同的体态动作表达的不同意思。教学活动必须建立在对学生的思想水平、知识基础、个性特征和智能状况等方面充分了解的基础之上，从而设计出触及大学生内在感情的良好情境。

②以大学生为主体、加强师生交流。课堂教学活动的主体是人，是教师，也是学生。在大学生素质教育的实施过程中，不仅要发挥教师的主导作用，还要发挥大学生的主体作用。只有大学生积极主动地参与教学活动，真正成为教师指导下的学习主体，课堂教学中的素质教育才能落到实处。教师不仅要在认识上引导大学生展开充分的思维，而且要在情感上与大学生进行不断的心与心的交流，师生之间只有保持心灵上的交流，才能创设一个和谐、祥和、友爱和宽松的课堂气氛，从而使大学生处于无拘无束、心情舒畅、心情振奋的心理状态之中。

③以学路定教路、"学路"优先。教师在备课时要遵循学路优先原则。设计"教路"是习惯的备课模式，教师根据已有的学科知识，参考有关资料充实自己的所知，与教材达到统一，其结果必然是"教路"优先，以教定学，把教师推上"先知""先觉"的"神坛"。教师应该首先考虑学生的"学路"，精心设计大学生高效率的"学路"。"学路"优先原则意味着教师的根本作用在于"导"而不在于"教"，教师如何"导"，取决于学生如何"学"。学生都会有他特定的学习方法。教师必须充分了解学情，了解和掌握课堂学习动态，并面向每一个大学生，不拘泥于固定程式，应是适时启发、适度启发，因人而异，因材而异，从而发展大学生的素质。

（2）内化大学生的素质

要让大学生获得稳定良好的素质，必须把大学生从外部获得的素质内化于其的身心，从而形成一种稳定的、基本的、内在的个性心理品质和体质。

①"教是为了不教"、让大学生"学会学习"。在课堂教学中教会大学生"学会学习"，培养学生可持续的学习能力。指导学生确立正确的学习观念，树立远大的学习目标，让学生了解什么是学习，为什么要学习，学习有什么作用，学习成功的标志和因素是什么等。指导学生树立科学的学习态度，形成良好的学习习惯。指导学生在学习中锻炼坚强的意志，建立积极稳定的学习情绪。指导学生的学习方法，充分发展学生的认知水平。

②培养、发展学生的科学能力。在教育教学过程中，应该强调培养、发展学生的科学能力。科学能力应是科学素质教育的核心。科学能力应是获取科学知识和探索科学新知识的能力，科学能力的形成过程是在科学知识的教与学的过程中形成的，教师采用各种不同的教学方式和手段组织学生学习各种科学知识，训练学生的科学能力，从而内化大学生的素质。

（3）内生大学生的素质

在发展和内化的基础上使大学生素质进一步完善地成长起来，形成主体接收信息的自主选择,创造性地处理外在世界现在和未来难题的品质,即形成素质中的创造性因素。

①培养大学生的创造性思维能力。未来社会需要更多的创造型人才。人人都具有创造能力,只是程度深浅不同而已,创造能力能通过教育和训练予以提高。创造性的思维能力是创造能力的核心,在教学过程中,培养创造性思维能力应注意以下几个方面:

在教学实践中,应该有意识地使用创造教育的教学模式,组织大学生进行学习活动,从而培养创造性的思维能力;注意创造性思维的发散性特点,培养大学生善于对已知事物进行怀疑和再思考,能够打破习惯性思路,提出几种另外的解决问题的办法;注意联想能力的培养。培养大学生类似联想、对比联想、因果联想等能力;让大学生有机会充分施展才能和创造性,也可以让大学生进行社会调查,到工厂、农村、商店等地进行参观、访问、调查,写出专题调查报告,并联系社会实际,提出改进意见和措施,条件许可的可以进行方案研究,并帮助实施。

②培养大学生健康的科学意识。科学意识包括两重意义:一是辩证唯物主义的世界观,自然科学观。二是在日常生活中,遇到实际问题,要有科学意识地进行对待、处理或解决。

辩证唯物主义的内涵丰富,在教育教学过程中,要求大学生系统掌握辩证唯物主义的原理,在学习科学文化知识的同时,可以促使大学生逐渐树立物质第一性观点,树立尊重事实观点,树立相信科学、反对迷信的观点,树立为科学而不断探索、不断奋斗的观点等;坚持对知识"再次发现"探索式学习观念的科学精神。要求大学生不盲目接受和被动记忆课本或教师传授的知识,而是主动地进行自我探索,把学习过程变成一种"再次发现"人类以往积累知识的参与式活动;要促进大学生形成科学意识,最主要的手段应该是让大学生参与实践,理论联系实际。

③培养大学生良好的科学品质。科学品质是一种非智力因素,它主要包括兴趣、情感、意志、作风、态度等方面。科学品质具有强化学习过程的驱动力的作用,又对大学生学习科学具有控制调节的反作用。良好的科学品质能使大学生乐于参与科学的学习与实践活动并从中得到乐趣和满足,能使大学生有坚强的意志,表现出高度的自觉性、顽强性和自制性,能坚持实事求是的作风,谦虚谨慎、勤奋努力。在教育教学中,通过多种生动活泼、丰富多彩的科技活动,逐渐培养大学生良好品质,发展大学生科学素质。

④培养大学生的创造意识。创造意识是驱使个体进行创造行为的心理动机,是创新素质培养的前提,创造能力是一种人格特征,是一种精神状态,是一种综合素质。教学中要注意培养大学生的创造激情、探索欲、求知欲、好奇心、进取心、自信心等心理品质以及大学生的远大理想、不畏艰险的勇气、锲而不舍的意志等非智力因素,从而内生大学生的素质。

综上所述,只有充分发挥课堂教学在大学生素质教育中的主渠道作用,树立大学生在课堂教学中的主体地位,培养大学生的学习兴趣,调动大学生学习的积极性,教会大学生自主学习,培养大学生的积极思维和创新精神,才能发展大学生的素质,内化大学生的素质,内生大学生的素质。

从实践角度讲"大学生素质教育"就是发掘大学生的潜在能力,以各种适宜的教育形式、内容进行的智力开发,促进大学生的心理与生理、智力与非智力、认知与意向等因素全面而和谐地发展,促进人类文化向大学生的个性心理品质的内化,达成素质的内生性,从而为大学生的进一步发展形成良性循环的教育活动。培养能敏锐地调动自己的知识储备,运用掌握的适当技能,灵活切实地解决面临的复杂问题的高素质人才。

7. 实施和谐教育

和谐教育是大学生素质教育的现实要求与理想途径。大学生素质教育的目标应当服务于构建和谐社会这一重大战略任务。实施途径应当坚持构建和谐社会的基本原则,推进策略应当坚持从我国实际出发,以创造和谐的氛围推进改革,以推进改革促进社会的和谐发展。没有爱,就没有教育;没有兴趣,就没有学习。这是和谐教育的真谛。这需要教师研究教育策略,改进教育方法,看到不同个体的个性化、多样化、特色化发展状态,承认和尊重个性差异和发展倾向的多样性,采取与之相应的教育措施,实施多样性的内容、标准和要求,让学生的每一种天赋才能、每一种个性倾向都能得到相应的尊重和发展,进而实现各自的价值。这样的全面发展教育才是适合所有学生的教育,才是真正的素质教育。创建"和谐课堂"是全面实施素质教育的现实要求。只有构建充满智慧与焕发师生生命活力的"和谐课堂",才能促进大学生生动活泼地发展,实现课堂生命体价值的全面提升和发展,才能提高课堂教学的效率,使课堂生活成为师生生命的、有意义的构成部分。

8. 深化教育体制改革

在进行经济体制改革的同时,必须要改革教育体制,这是教育发展的动力。①走出当前教育认识上的误区,摒弃"单向灌输"的教育模式,认识到教育的重点不仅仅是传播知识,更重要的是教会学生如何学习和怎样做人,充分发挥学生受教育过程中的主体作用。②广泛运用学术报告、专家论坛、报刊、宣传栏等多种形式,大力宣传素质教育的目的和内容,强调终身学习的重要性,尽可能地调动大学生参与素质教育的积极性。③在教学方式上,改变以前单一的"课堂说教"方式,采取实践教学、高校交流、理论学习等相结合的教育模式。培养具有工作积极性、责任感、创造性和良好自我调节能力的高素质大学生。

9. 加强教师队伍建设

加强教师队伍建设是大学生素质教育的关键。大学生素质教育是一切教育活动的基础,知识经济时代对从事大学教育的工作者提出了更高要求。教师是科学文化知识的传播者,是思想道德素质和创新精神与实践能力的培育者,是人类灵魂的工程师。一所学校能不能为社会主义建设培养合格人才,关键在教师,教师是全面推进素质教育的关键和基本保证。全面推进素质教育,必须重视和加强教师队伍建设,全面提高教师队伍素质。

(1)加强教育工作者的师德建设,全面提高教师队伍的整体素质。要培养出高素质的大学毕业生,必须有高素质的教师作为坚强后盾,必须时刻做好教师的师德建设和现代教育理论培训工作,努力使教育从以老师讲授为重点的观念,转变为以学生学习为重点的观念,唤醒学生学习的主体意识。

(2)加强教师的工作能力,教学生学会学习。教学生学会学习是素质教育的一项重要内容,这就要求素质教育工作者加强现代教育技术学习,不断改进教学方法和手段,以利于培养大学生的信息意识和创新能力。

(3)充分发挥专业课教师、政治理论课教师、辅导员和班主任在大学生素质教育活动中的指导作用。在实际教学中,要将这三支教学力量有机结合,切实承担起教书育人、管理育人、服务育人的光荣使命,把"传道授业解惑"的职责,体现在专业知识的传授和思想道德的引导上;使学生在搞好学业的同时,积极参与各种活动,提高他们的综合素质。

10. 培养学生的创新精神和实践能力

培养学生的创新精神和实践能力是大学生素质教育的重点。近年来,各高等院校的教育实践说明,素质教育工作的生命在于贴近实际,不断实践和创新。

(1)充分利用课堂优势,发挥教师主导作用的同时,开辟实践性强的"第二课堂",培养动手能力强、有创新意识的大学生。

(2)加强大学生的实践学习意识。利用各种方式,如与社会企业联合办学,组织学生到社会中考察;举办各种类型的特长培训班,将理论学习和实践相结合等,在培养学生解决实际问题能力的同时,使他们的创新意识进一步增强。

（3）利用现代教育技术和手段，培养大学生创新意识的能力。当今社会是一个科技、信息迅速发展的社会，个人的能力是有限的，只有借助于有效的、先进的科学技术手段，才能更好地将大量的先进知识运用自如。

11. 制订大学生素质教育的阶段计划

（1）一年级：重点抓学生的基础文明教育、养成教育，增强适应环境的能力；注重国情校史、民主法制、校纪校规教育，培养学生自我管理、自我服务、自我教育、自我约束的意识；帮助学生明确奋斗目标，制定大学阶段的学习规划；要求学生探索适合自己的学习方法，学好公共基础课；培养学生具有坦诚待人、友好相处、互帮互助、团结友爱的优良品质；加强体育健身教育，使学生掌握基本的体育锻炼技能。

（2）二年级：重点抓学风建设，通过"两课"教学和形势政策教育帮助学生树立正确的世界观、人生观和价值观，端正学习态度，要求学生搞好本学科基础课和专业课的学习，注重实践，培养动手能力，加深对本专业和本学科的了解；加强文化素质教育，提高学生文化品位，塑造完美的人格品质；重视外语和计算机知识的学习和应用能力的训练，要求通过英语四级和计算机二级考试。

（3）三年级：重点抓学生的专业思想教育和专业技能培训的学习，掌握扎实的学科基础知识，掌握为社会服务的本领；开展丰富的社会实践活动，帮助学生认识社会、了解社会，增强社会责任感；加强对毕业生的就业指导、咨询，做好毕业、就业的各种思想准备。

12. 专业素质教育与非专业素质教育同步推进

大学生的素质分为专业素质与非专业素质，分别涵盖"知识、能力、方法、品德、观念"五大体系，各个体系又分别包含相应的特定要素。如"观念体系"包含世界观、人生观、价值观和创新精神、敬业精神、拼搏精神等。人的全面发展反映在当今社会人才素质结构上，要求人才既具备专业素质，同时又具备非专业素质。科学发展观反映在对人才的教育培养上，就是既要加强专业素质教育，也要注意非专业素质教育。21世纪的大学毕业生经历多次的职业转换已成大趋势，大学所学的某一门专业知识或技能不可能一辈子管用。大学生在从"学业人""学校人"向"职业人""社会人"的转化中，非专业素质往往起决定作用。专业素质教育与非专业素质教育同步推进，才能实现人的全面发展和个性发展，培养出现代社会所需要的高素质人才。所以，大学生素质教育要把大学生专业素质教育与非专业素质教育摆在同等地位同步推进，将个性发展摆在与全面发展同等地位相互促进。

实施大学生素质教育是我国经济、社会不断向前发展的重要保证。高校要勇于探索实施大学生素质教育的有效运行机制，不断总结经验，增强信心，锐意改革，开拓进取，努力把我国的大学生素质教育工作推向一个新的阶段。

第三章　职业意识

第一节　职业意识的基本理论

一、职业意识的含义

在竞争日益激烈的知识经济时代，社会的竞争就是人才的竞争，而人才的竞争取决于素质的竞争，健康的职业意识是职业素质的核心部分。人力资源理论研究者认为，职业化人才的成功与否主要取决于其职业意识水平的高低。作为学生，一定要充分了解和把握职业意识，并注重培养自己良好的职业意识，唯有如此，才能在未来的职业生涯中创造良好的业绩、成就美好的人生。

（一）什么是意识

意识是大脑的一种属性机能，是对客观现实的能动反映，是大脑进行的一种活动。

人的意识是一个结构复杂的系统。从内容上看，意识是知、情、意三者的统一："知"是指人类对世界的认识；"情"是指情感，是对客观事物的感受和评价；"意"是指意志，是人类追求某种目的和理想时表现出来的自我克制、毅力、信心和顽强不屈等精神状态。从意识的自觉程度来看，意识可以分为潜意识和显意识。潜意识是主体不能控制和提取并参与思维活动的意识；显意识是人们自觉认识并受到一定目的控制的意识。从意识的指向来看，意识又可以分为对象意识和自我意识。对象意识指向客观世界的各种事物、现象、关系和过程；自我意识则指向自身内部的各种关系、体验以及人在世界中的地位。

意识具有主观能动性。它不仅能够主动地、有选择地和创造性地反映客观世界，而且能够指导实践改造客观世界；同时能够在一定程度上调节和控制人体的生理活动，反映自身并控制自身的行为。总之，意识是人的精神生活的重要特征，人的日常生活、学习和工作，都是在意识支配下进行的。

（二）什么是职业意识

职业意识即从业者在特定的社会条件和职业环境影响下，在教育培养和职业岗位任职实践中形成的某种与所从事的职业有关的思想和观念。它以基本的职业知识为基础，以对职业价值的理性认识为核心，同时展开对职业目标、职业道路、职业道德、职业能力、职业信念、职业发展等一系列问题的思考，反映一个人对于职业的根本看法和态度，是职业认知与职业行为的综合，主要包括职业认识、职业情感、职业意志、职业行为等。

职业意识是人在职业问题上的心理活动，是自我意识在职业选择领域的表现。职业意识的形成不是偶然的，而是一个由浮浅趋于深刻、由模糊趋于鲜明、由幻想趋于现实的发展过程。

二、职业意识的意义

（一）提升职业素质

职业活动中，个人的成功与否越来越取决于其综合职业素质的高低，良好的职业意识则可以极大地增强个人职业追求和发展的动力，从而促进其职业素质的提高。培养良好的职业意识，造就高素质的劳动者，必将提升用人单位的工作业绩，推动社会的发展进步。

（二）导航职业生涯

职业生涯就是一个人的职业经历，是指一个人一生中所有与职业相联系的行为与活动以及相关的态度、价值观、愿望等连续性经历的过程，也是一个人一生中职业、职位的变迁及工作、理想的实现过程。在影响职业发展的因素中，职业意识具有导向和调节作用，对个人职业发展影响重大。正确的职业认知、积极的职业情感、坚强的职业意志、良好的职业行为，必将推进人的职业生涯的良性发展。

（三）实现人生价值

人的价值是个人价值和社会价值的统一，也就是人作为价值主体和客体对自我需要和社会需要的满足程度。人的价值评价关键是如何对待社会价值与个人价值的关系，其核心内容是如何处理贡献与满足的关系。人生价值主要通过职业活动来体现，职业是实现人生价值的舞台。职业能否实现人生价值，与人的职业认识、职业情感、职业意志、职业行为息息相关。良好的职业意识能使从业者敬业、乐业、精业、勤业，从而实现人生的价值。

三、职业意识发展的阶段

职业意识的发展主要经历以下三个阶段。

（一）幻想阶段

这一阶段主要在小学时期，小学生已经萌生了职业意识，他们从自己的兴趣爱好和崇拜对象的职业中形成职业理想，还没有考虑职业与自己性格、知识、能力之间的关系以及职业的现实需求，想象成分居多，现实考虑极少，带有随意性，易随客观环境刺激的变化而变化。

（二）分化阶段

这一阶段主要在中学时期。中学生已经初步形成了比较稳定的兴趣爱好和价值取向,这为职业意识的深化奠定了基础。最初,中学生的职业选择由兴趣主导,并试图将兴趣与能力统一于价值体系中。随着心理、生理等各种因素的不断发展,中学生认识到未来职业与主体状况之间的内在联系,其职业目标同原来的职业意向出现分化,在不断地分析比较中选择自己的职业目标,并为目标的实现不断付出努力。

(三)成熟阶段

这一阶段是一个由主观愿望落实到具体计划的过渡期,学生正处于这一阶段。专业选择是职业意识的具体表现,学生要权衡各个职业的价值,选取价值最高的职业目标。学生对专业的选择实际上是对职业的选择,尽管将来未必从事专业对口的工作,但学习也是为将来就业所进行的实际准备,这种准备体现了职业意识。

职业意识的成熟最终要靠现实职业选择来实现。学生正处于职业意识成熟阶段的前期,处在职业社会边缘地带,已经开始向职业社会过渡,逐渐认清职业社会对某些职业的实际要求,从而找准职业定位。

四、良好职业意识的表现

良好职业意识是从业人员的根本素质,是一个合格的社会职业者的必备条件,它不仅是个人职业生涯成功的保证,也是促使企业生产发展和社会发展的需要。

良好职业意识的形成和保持,不仅需要良好的社会环境和社会实践,特别是从业实践,而且需要对社会认可的良好职业意识的充分把握。对尚未就业的学生来说,对良好职业意识的理解和认同是职业意识培养的重要前提。

良好职业意识除了本章后面要重点讲述的责任意识、质量意识、创新意识、服务意识外,还主要包括以下八个方面。

（一）规则意识

规则意识是指发自内心的、以规则为自己行动准绳的意识，如遵守校规、遵守法律、遵守社会公德、遵守游戏规则的意识。规则意识是现代社会每个公民都必备的一种意识。规则意识有三个层次：首先是关于规则的知识，其次是要有遵守规则的愿望和习惯，最后是遵守规则成为人的内在需要。

孟子曾说："不以规矩，不能成方圆。"在日常生活中，规范和制度无处不在、无时不有。大到一个国家，小到一个企业，都有自己的规章制度。规范和制度是组织正常运行的最基本保证。公司的每一个部门，都会依据本部门的职能制定相应的规章制度，以保证本部门工作顺利进行。每位员工都是公司的一分子，遵守公司的各项规章制度是员工的基本职责。

（二）诚信意识

诚实守信是中华民族的传统美德，是为人处世的基本准则，也是从业人员对社会、对他人所承担的义务和职责，是人们在职业活动中处理人与人之间关系的道德准则。

诚信是一种优良的品质，意味着一言九鼎、言出必行、说到做到。这个世界上并不缺乏有能力的人，那种既有能力又忠诚于企业的人才是企业所企求的理想人才。在职场中，诚实守信会获得领导、同事和客户的信任，为事业成功赢得更多的机会。

（三）敬业意识

敬业就是用一种恭敬严肃的态度对待自己的职业，是从业人员在特定的社会形态中，认真履行所从事的社会事务，尽职尽责、一丝不苟的行为。在工作中要有兢兢业业、埋头苦干、任劳任怨的工作态度和忘我精神，而不是偷懒耍滑、马虎草率、敷衍塞责、玩忽职守。

（四）竞争意识

竞争意识是个人或团体间力求压倒或胜过对方的一种心理状态，它能使人精神振奋、努力进取，促进事业的发展，是现代社会中个人、团体乃至国家发展过程中不可缺少的心态。只有存在竞争，社会才会有活力；只有重视竞争，有强烈的竞争意识，才能不断地超越自我。

商场如战场，说的就是商场中的竞争和战场上的战争同样残酷。企业的员工能否适应激烈的竞争，能否从竞争中脱颖而出，是他能否取得成功的关键。世界上所有通过奋斗取得成功的人，都具有强烈的竞争意识。只有敢于竞争的员工，才是最优秀的员工；只有敢于胜利的团队，才是最卓越的团队。

（五）团队意识

团队意识是指整体配合意识，包括团队的目标、团队的角色、团队的关系、团队的运作过程四个方面。团队意识是一种主动性的意识，将自己融入整个团队对问题进行思考，想团队之所需，从而最大限度地发挥自己的作用。而如果只是服从命令，则是被动的、消极的。

俗话说："一根筷子轻轻被折断，十双筷子牢牢抱成团。"团队意识的重要性对于任何组织来说都是无与伦比的，大到国家，小到公司，都需要每个成员具有团队精神。一个人没有团队意识将难成大事；一个公司没有团队意识将成为一盘散沙；一个民族没有团队意识也将难以强大。可以这样说，团队意识决定组织成败。

（六）节约意识

法国作家大仲马说："节约是穷人的财富、富人的智慧，节约是所有财富的真正起始点。"① 在公司进入微利时代的今天，除了赚钱的思路、观念需要及时进行调整、转变、更新外，更重要的是用节约的方法来降低成本、增加利润。

---

① 大仲马.大仲马美食词典［M］.李妍，译.苏州：古吴轩出版社，2014.

当一个公司能够抠出低成本时，也就抠出了高效益。但是，抠门绝不是该投资的不投资，而是杜绝浪费，将不该花的钱节省下来，让它为公司的生存发展发挥更大的作用。

"制度是最好的老师"。在企业要求员工减少浪费的时候，同时一定要对企业制度做出修改——撤掉企业管理考核制度中容易滋生浪费的"温床"，从而让员工更好地形成节约的意识，使员工在工作的过程中能够将企业当作自己的家一样去对待，从不浪费一度电、一滴水做起，让企业资源的利用率大大提升，从而让员工在生产劳动的过程中养成不浪费的好习惯。

（七）创业意识

创业意识是指一个人根据社会和个体发展的需要所引发的创业动机、创业意向或创业愿望。创业意识是人们从事创业活动的出发点与内驱力，是创业思维和创业行为的前提。需要和冲动是构成创业意识的基本要素。

当今社会随着科学技术的进步和劳动生产率的提高，经济增长对就业的吸纳能力将会不断下降，就业缺口也会不断扩大。鼓励学生自主创业，既能解决自身就业难的问题，还能为社会拓展就业渠道，更重要的是能满足学生自我实现的需要。因此，现代学生应强化创业意识，主动适应社会与时代发展的现实需要。

（八）安全意识

所谓安全意识，就是人们头脑中建立起来的生产必须安全的观念，也就是人们在生产活动中对各种各样有可能对自己或他人造成伤害的外在环境条件的一种戒备和警觉的心理状态。安全与生产是矛盾的对立统一，只有搞好安全才能使生产有序进行，忽视安全，生产就会停滞不前，造成国家财产的重大损失和从业人员的伤亡。

从业人员从事生产经营活动，首先要对其所从事的作业场所和工作岗位的安全进行了解，做到安全生产心中有数。树立安全意识，最主要的一点就是严格执行安全操作规程，执行安全规程不打折扣、不变样，有人管没人管都一个样，有没有监控都一个样。

第二节　责任意识

一、认识责任意识

责任就是分内应做的事情，也就是承担应当承担的任务，完成应当完成的使命，做好应当做好的工作。责任无处不在，存在于每一个角色中。父母养儿育女，老师教书育人，医生救死扶伤，工人铺路建桥，军人保家卫国……人在社会中生存，就必然要对自己、对家庭、对企业甚至对祖国承担并履行一定的责任。

责任意识，就是清楚明了地知道什么是责任，并自觉、认真地履行社会职责和参加社会活动，把责任转化到行动中去的心理特征。有责任意识，再危险的工作也能减少风险；没有责任意识，再安全的岗位也会出现险情。责任意识强，再大的困难也可以克服；责任意识差，很小的问题也可能酿成大祸。

二、增强责任意识

工作意味着责任。每一个职位所规定的任务都是一种责任。责任是一名员工的立身之本，可以说，一个人放弃了工作中的责任，就意味着放弃了在工作中更好生存的机会。

现实中，我们不难听到这样的抱怨："我们辛辛苦苦地工作，每个月才那么点钱，干嘛要为老板卖命！""市场经济讲究等价交换，拿多少钱，干多少活，我要对企业负责了，那不是给老板白干活了？"这便是有些打工者的"哲学"，他们的人生信条是：老板给多少钱，我就干多少活，这样才不吃亏，至于对企业负责，那是老板考虑的问题。其实，对工作负责就是对自己负责，工作兢兢业业，是在为自己的前途打拼，一方面是在为自己的能力添砖加瓦，另一方面也是借着企业这个平台逐渐实现自己的理想。

（一）干好第一份工作

想要有所作为，首要的是干好本职工作，对于刚毕业的学生来说，则要干好自己的第一份工作。处境的改变，理想的实现，事业的成功，很多时候不在于做的是什么工作，而在于工作做得怎么样。

当年因海湾战争而扬名全球，后来又被美国总统小布什重用的鲍威尔，他的第一份工作是在一家汽水厂抹地板。当时他就打定主意做个最好的抹地工人，结果第二年就被提升为副工头，最终成为声名显赫的军事家和政治家。他的成长告诫人们：凡是能成大业者，不会嫌弃平凡的工作，都是在实干的基石上建立起自己的金字塔的。

迈阿密《先驱》报荣誉总裁罗伯托·苏亚雷斯，刚到美国时在《先驱》报做临时工，专门站在广告插入机前，将一份份广告夹入报纸内，每天工作15小时。他认为这是一生中最严峻的时期，但也是最大报偿的时期，因为他明白了没有什么收获是理所当然而不需要付出努力的。

选择第一份工作可能不是由自己的意志决定的，但怎样看待第一份工作，走好人生奋斗的第一个起点，确实是靠个人努力的。以什么样的态度去工作，这将影响你的一生。成功人士对待人生第一份工作的态度启示人们：以尽职尽责的态度去工作，走好人生奋斗的第一个起点，将会影响你的一生。

（二）坚决服从企业安排

服从是指受到他人或者规范的压力，个体发生符合他人或规范要求的行为。服从是员工的天职。服从上级安排是员工的第一美德，是工作中的行为准则，是锻炼工作能力的基础。同时，服从也是工作的推进剂，能给人的行动催生无穷的勇气，能激发人的潜力。员工只有具备了这种服从精神，才能提高自己的执行能力。

真正的服从是无条件服从，是没有任何借口的服从，只有这样才能产生惊人的力量。一个企业要发展，就要求员工必须坚决服从企业安排，拖沓、不负责任的员工可能给企业带来巨大损失。作为员工，应该无条件服从公司安排，无论遇到什么困难绝不找任何借口推托或搪塞，这是取得成就的前提和基础。

（三）对个人行为负责

成熟的第一步是勇于承担责任。1894年，美国总统林肯发表声明："我要对所有美国人，对基督，对历史，以至对上帝——负责。"[①] 如果不能以同样的精神担起我们本应担负的责任，我们就永远不能说自己已经成熟。

我们经常遇到这种情况，当孩子在椅子上摔倒后，会对着椅子踢一脚："破椅子，都怪你！"小孩子比较任性，明明自己出错却要迁怒于没有生命的东西或是无辜的旁观者，甚至认为这种行为很正常。但是，如果我们把这种行为带入成年，那可就麻烦了。我们都已经脱离跌倒了便迁怒于椅子的孩童阶段，应当直面人生，自己为自己负责。当然，这样做比较困难。怪罪我们的家长、老板、环境、亲人则容易得多，有必要的话，我们还可以怪罪祖先、政府，或者我们还可以有一个最好的借口，责怪幸运之神的不公。不成熟的人总能为他们的缺点和不幸找到理由，且仍然是他们自身之外的理由：他们的童年很悲惨；他们的父母太贫穷或太富有；他们缺少教育；他们体质虚弱；他们埋怨家人不了解他们；认为命运之神跟他们过不去，仿佛整个世界都在与自己为敌……其实他们是在为自己找替罪羊，而不是设法克服困难。

能为自己的思想、工作习惯、目标和生活负责，你会发现你在开创自己的命运，走上成功之途。

当你心不在焉地工作时，是否会想到日后也会得到类似的后果——不对

---

① 林肯.林肯总统经典演讲词赏析［M］.武汉：长江文艺出版社，2011.

你做的事负责, 结果也就不会对你负责。正如俗语 "种瓜得瓜, 种豆得豆" 所言, 有几分努力便有几分收获。善用我们的心智、技术和才能, 必定能在生活中得到报偿。负起我们个人的责任, 把天赋、才能发挥到极致, 必能获得快乐、成功和财富, 这道理对每个人都适用。

（四）遇到问题不推卸

美国总统杜鲁门上任后, 在办公桌上摆了个牌子, 上面写着 "Book of stop here", 翻译成中文是 "问题到此为止", 意思是 "让自己负起责任来, 不要把问题丢给别人"。① 杜鲁门认为, 负责任是一个人不可缺少的职业精神。

很多情况下, 人们会倾向于首先解决那些容易的事情, 而把那些有难度的事情尽可能推给别人。其实, 工作中遇到问题时, 应该勇于面对, 让问题在自己这儿得到解决。在领导眼里, 没有任何事情能够比处理和解决问题更能表现出员工的责任感、主动性和独当一面的能力。一个经常为老板解决问题的人, 当然能够得到老板的青睐。

（五）不为错误找借口

常言道: "智者千虑, 必有一失。" 一个人再聪明、再能干, 也总有犯错误的时候。通常, 人犯了错误会有两种态度: 一种是拒不认错, 找借口辩解推脱。另一种是坦诚地承认错误, 勇于改正, 并找到解决的途径。

在工作中, 我们经常听到这样那样的借口, 它们听起来挺 "合情合理"。例如, 上班迟到了, 会有 "手表停了" "闹钟没响" "起得晚了" "路上塞车" "今天家里事情太多" 等借口;业务拓展不开, 工作业绩不佳, 会有 "制度太死" "市场竞争太激烈" "行业萧条" "我已经尽力了" "还有比我做得更差的呢" 等借口。可以说, 寻找借口是世界上最容易办到的事情之一, 只要你心存逃避的想法, 就总能找出足够多的借口。

---

① 哈里·杜鲁门. 杜鲁门回忆录: 上 [M]. 北京: 东方出版社, 2007.

每个人都有犯错误的可能，关键在于你认错的态度。其实只要你坦率地承认错误，并尽力想办法补救，你仍然可以立于不败之地。

第三节　质量意识

一、认识质量意识

质量意识是一个企业从领导决策层到每一个员工对质量和质量工作的认识和理解。质量意识对质量行为起着极其重要的影响和制约作用。在我国现阶段的市场经济条件下，企业竞争的焦点是产品和服务的质量。企业要生存、求发展必须以产品和服务的质量为基石，精益求精、讲究质量也是从业人员恪守职业道德的起码要求。

二、增强质量意识

质量是企业发展的根基，是企业的生命和未来。精益求精、讲究质量也是从业人员恪守职业道德的起码要求。任何产品都是由具体的从业人员经过若干道工序生产出来的，任何服务也是由从业人员来完成的，这些从业人员能否精益求精、注重质量，直接关系到企业的产品质量和消费者的切身利益。

（一）提升质量意识

质量并不是一个简单的指标，它是一种精神。现代管理学认为，一个经济生命体依靠"三气"生存，即企业要有名气、组织要有士气、员工个人要有志气。这"三气"凝聚成一种精神——质量精神。"名气"是要以质量为保证的；"士气"是要以质量为诱因和结果的；"志气"则是要拿出高质量的工作业绩来谋求发展的。质量形成的过程，不仅仅是一个物质加工生产的过程，更是一个文化、思想、意识凝聚的过程。

高标准的质量意识是产生未来收益的资源基础，而质量意识的不足，必然导致货币利益的丧失。对员工来说，质量意识同时是一个人的价值观、素质、气质的投入和产出过程。市场如水，企业如舟，质量像舵，人是舵手，一个企业要想在市场竞争中乘风破浪，必须首先要有一个好舵，更要有好的舵手进行操控，保证企业之舟能够又快又稳地行驶。

每一个从业人员都应该站在消费者的角度换位思考。买回的酵母做的馒头里吃出一根头发是什么滋味？我们也许会说：十万袋酵母里才有一袋里有一根头发，有什么大惊小怪的！但是对公司来说是十万分之一，对于吃到头发的消费者来说，是100%。试想，如果什么事情只有99.9%的成功率，那么每年有20 000次配错药事件；每年15 000个婴儿出生时会被抱错；每星期有500宗做错手术事件；每小时有2000封信邮寄错误。看了这些数据，我们肯定都希望全世界所有的人都能在工作中做到100%。因为我们是生产者，同时我们也是消费者。更重要的是，我们会因此而感到每天的忙碌工作是有意义的，而不是庸庸碌碌地只想换一口饭吃。

（二）树立三全质量意识

全面质量管理、全员质量管理、全过程质量管理是20世纪80年代提出的质量管理概念，它是一种全方位的综合活动，已经得到广泛的认同。

（1）全面质量管理。从组织管理角度来看，全面质量管理的含义就是要求企业各个管理层次都有明确的质量管理活动内容。企业的各个部门都对产品或服务质量负责，都参加质量管理，各部门之间相互协调，共同做好质量管理工作。

（2）全员质量管理。各部门、各个层次的员工都有明确的质量责任、任务和权限,做到各司其职。质量管理的核心是提高人的素质,调动人的积极性,人人做好本职工作,通过抓好工作质量来保证和提高产品质量或服务质量。全员质量意识是一个企业的巨大经营资源,这是一种无形资产,它的珍贵程度超过企业的资金资源。

(3)全过程质量管理。对产品的研究、设计、生产(作业)、服务等全过程各个环节加以管理,形成一个综合性的质量体系,做到以预防为主、防检结合、不断改进,以达到用户满意。

(三)防止短视利益行为

例如,在招投标中,竞标企业为满足客户低价格需求,竞相压价,竞标价格难以保本。这种情况无非引发两个结果:一是厂家赔本做,二是厂家赔不下去,只好偷工减料,从成本上"想办法"。报价难以保本,就无法保证企业健康存续发展。

过去,日本企业的传统思想认为,提高质量必然导致成本上升、利润下降,所以在企业经营管理活动中只重视成本而忽视质量。但是,随着质量管理的发展,这种思想发生了变化,日本企业的经营者开始认识到,产品质量提高了,就会减少废品,降低废料、返修、调整、检查的成本,成本会大幅度降低。同时,产品质量提高了,能得到消费者的信赖,有利于扩大产品销路、稳固占领市场。所以,尽管提高质量会在短期内造成成本上升、利润减少,但从长远来看,它会提高企业声誉,给企业带来更多、更大的利润。正因为如此,现代日本企业在贯彻质量第一的经营思想过程中,特别强调克服短期行为,重视企业的长期发展。

(四)缺陷产品等同废品

被誉为"全球质量管理大师""零缺陷之父"和"伟大的管理思想家"的菲利浦·克劳斯比在20世纪60年代初提出了"零缺陷"思想。美国在1964年开始推行他的思想，并且推行零缺陷运动。后来零缺陷的思想传至日本，在日本制造业中得到全面推广，使日本制造业的产品质量迅速提高，领先于世界水平，继而进一步扩大到工商业所有领域。

零缺陷管理的思想主张企业发挥人的主观能动性来进行经营管理，生产者、工作者要努力使自己的产品、业务没有缺点，并向着高质量标准目标奋斗。它要求生产工作者从一开始就本着严肃认真的态度把工作做得准确无误，在生产中从产品的质量、成本与消耗、交货期等方面的要求来合理安排，而不是依靠事后的检验来纠正。零缺陷强调预防系统控制和过程控制，第一次时就把事情做对并符合顾客的要求。

即使是万分之一的次品，对消费者来说也是百分之百的次品。消费者想要也应该得到完美的产品。传统的关于"没有完美"的辩解是不对的。对于许多产品和服务来说，即使是达到99.9%的完善程度也不够好。

（五）克服四种心理障碍

追求高质量必须避免以下四种不良心理。

（1）雇佣心理。在长官意识严重、民主意识淡薄的企业里，员工容易对管理者产生"错觉定位"，形成一种旧式的人身、工作、质量和经济等各方面的依附。员工不能真正认识到工作对自己、企业及社会的价值所在，总有一种"为人作嫁衣"的感觉。

（2）惰性心理。人都是有惰性的，特别是在同一环境工作一段时间后，适应新的环境，如果环境没有大的改变，人就会变得机械和懒惰，表现为不注重专业技术的学习，质量观念淡薄，对企业和个人发展前途的信心不足。

（3）攀比心理。攀比不是竞争，竞争是以工作绩效来加以对比，攀比却是一种讲形式、重手段、轻绩效的畸形竞争心理。如果有了这种心理，很容易在工作中产生只比劳动报酬，不比工作质量、工作效率的现象。

（4）妒忌心理。人们由于某种欲望没有得到满足或缺乏使之得到满足的现实条件，就会产生妒忌心理，这种心理会导致企业出现内斗现象，员工之间明争暗斗、钩心斗角，把精力放在内耗上，势必影响工作质量。积极的化解方法是，把妒忌化为一种动力，把矛盾变为一种竞争，使工作质量成为竞争的标准。

第四节 敬业成就事业

一、敬业精神

在社会主义市场经济条件下，随着人们职业观念的变化，择业自主性、自由性的增强，敬业精神的有无与强弱，直接关系到改革开放和现代化建设事业的兴衰。

（一）敬业

敬业就是要敬重你的工作。我们可以从两个层次去理解敬业。从低层次来讲，敬业是对本职工作有个交代。如果上升一个高度来说，那就是把工作当成自己的事业，要具备一定的使命感和道德感。不管从哪个层次来讲，敬业所表现出来的就是认真负责，认真做事，一丝不苟，并且有始有终。一个人具有敬业精神，既要认真看待和把握所从事的工作，即起点敬业，又要在实际工作中尽职尽责，即过程敬业，更重要的是还要按职业责任有效完成工作，即结果敬业。

（二）敬业精神

敬业精神是人们基于对一件事情、一种职业的热爱而产生的一种全身心投入的精神，是社会对人们工作态度的一种道德要求。它的核心是无私奉献意识。低层次的即功利目的的敬业，由外在压力产生；高层次的即发自内心的敬业，把职业当作事业来对待。

敬业精神是一种基于热爱基础上的对工作对事业全身心忘我投入的精神境界，其本质就是奉献的精神。具体地说，敬业精神就是在职业活动领域，树立主人翁责任感、事业心，追求崇高的职业理想；培养认真踏实、恪尽职守、精益求精的工作态度；力求干一行爱一行钻一行，努力成为本行业的行家里手；摆脱单纯追求个人和小集团利益的狭隘眼界，具有积极向上的劳动态度和艰苦奋斗精神；保持高昂的工作热情和务实苦干精神，把对社会的奉献和付出看作无上光荣；自觉抵制腐朽思想的侵蚀，以正确的人生观和价值观指导和调控职业行为。

（三）敬业精神的构成

（1）职业理想

即人们对所从事的职业和要达到的成就的向往和追求，是成就事业的前提，能引导从业者高瞻远瞩，志向远大。

（2）立业意识

即确立职业和实现目标的愿望。其意义在于利用职业理想目标的激励导向作用，激发从业者的奋斗热情并指引其成才方向。

（3）职业信念

即对职业的敬重和热爱之心，表示对事业的迷恋和执着的追求。

（4）从业态度

即持续稳定的工作态度。勤勉工作，笃行不倦，脚踏实地，任劳任怨。

（5）职业情感

即人们对所从事职业的愉悦的情绪体验，包括职业荣誉感和职业幸福感。

（6）职业道德

即人们在职业实践中形成的行为规范。

二、敬业与事业

朱熹说："敬业者，专心致志以事其业也。"敬业的员工之所以受欢迎，不仅是因为他们能对企业负责，更重要的是，他们意识到了敬业是一种使命，是一种责任和精神的体现。不管从事什么工作，都要热爱自己的工作，把工作看成自己人生的荣耀和使命，竭尽全力把它做好。敬业糅合了一种使命感和道德责任感，在当今社会已经成为一种最基本的做人之道，也是每个人成就人生事业的重要前提。

（一）敬业是事业成功的前提

荀子曾说过："百事之成也，必在敬之。其败也，必在慢之。"[①]假如，一个人不热爱自己的工作，必然不肯努力，结果自然不会有成就。某权威机构对1000位成功人士进行调查，结果显示，有78%的人认为"爱岗敬业"是自己成功的主要原因。爱岗敬业的人，能够创造更好的工作业绩，能够获得更多的发展机会，赢得更大的发展空间。从某种意义上说，敬业是事业成功的前提。

一个人只有热爱自己的工作或职业，才能开拓前进，取得成功。敬业，表面看起来是有益于公司，有益于老板，但最终的受益者却是自己。当"敬业"变成一种习惯时，你就能从全身心投入工作的过程中找到快乐，能从中学到更多的知识和经验，积累更多资源和人脉，为将来的事业打下坚实的基础。当"不敬业"成为一种习惯时，工作上的投机取巧只会给你的老板带来一点点的经济损失，但毁掉的却是你的一生。

---

① 出自《荀子·议兵》。

（二）敬业让你赢得尊重

最值得被敬重的，常常是敬业的人。阿尔伯特·哈伯德说："一个人假使没有一流的能力，但只要拥有敬业的精神，同样会获得人们的尊重；即使你的能力无人能比，假设没有基本的职业道德，就一定会遭到社会的遗弃。"[①] 受人尊重会让我们的自尊心和自信心增加。不论我们的薪水多低，不论老板多么不器重我们，只要我们敬业，毫不吝惜地投入我们的精力和热情，渐渐地我们就会为自己的工作感到骄傲和自豪，就会赢得他人的尊重。有能力做一件事情是一回事，做好这件事情又是一回事，懒惰和缺乏激情的人，即使才华出众也未必能做好工作，平凡普通人士依靠自己的勤奋和忠诚倒是经常取得令人欣慰的佳绩。在这两种人的竞赛中，天平最终总是偏向能够做好事情的人。以主人翁的精神，认真负责地对待工作，不但能赢得别人的尊重，工作自然也会做得更好。

（三）敬业是一种使命

任何工作都是适应社会的需求而产生的，工作的存在是依附于社会的。工作的发展程度最终也取决于社会的发展，只有顺应了社会的需求，个人的工作才能取得长足的进步。至关重要的是，认真做好社会赋予我们的工作，竭尽全力做好本职，把敬业作为一种使命，我们才能最终享有社会发展的累积。敬业的员工之所以受欢迎，不仅是因为他们能对企业负责，更重要的是，他们意识到了敬业是一种使命，是一种责任和精神的体现。

不管从事什么工作，你都要热爱自己的工作，把工作看成自己人生的荣耀和使命，竭尽全力把它做好。毕业于美国西点军校、曾为通泰电子集团首席执行官的约翰·克林顿说："我经常强调，在公司中无论你是什么身份，是贵为 CEO，还是身为普通的员工，都要看重自己所从事的工作，否定自己的工

---

① 阿尔伯特·哈伯德.把信送给加西亚［M］.哈尔滨：北方文艺出版社，2019.

作是个巨大的错误。"①

三、培养敬业精神

培养敬业精神,要求正确处理和职业所联系的"责、权、利"关系。人们如何看待自己所从事的职业和岗位,是否认同和追求岗位的社会价值,是敬业精神的核心。如果没有任何认同,就不会有尊重和忠实于职业的敬业精神,而认可程度不同,也会产生不同的敬业态度。因此,培育敬业精神首先应从树立职业理想入手,突出以下几个方面内容。

(一)牢固树立职业理想

职业理想是敬业精神的思想基础。每位职工都应把自己的职业看成是为社会做贡献,为人民谋福利,为企业创信誉的光荣岗位,看成社会、企业运转链条上的重要环节。只有这样才能树立起富有时代精神、健康向上的职业理想和目标,并以最顽强、最持久的职业追求把它落实在职业岗位上。

(二)准确设定岗位目标

高标准的岗位目标是干好本职,争创一流的动力。有了岗位目标,才能做到勤业精业,在本职工作岗位上创造性地开展工作。

(三)大力强化职业责任

发挥本职和岗位的职能、保持职业目标、完成岗位任务的责任,遵守职业规则程序、承担职权范围内社会后果的责任,实现和保持本岗位、本职业与其他岗位职业有序合作的责任,是职业责任的全部内涵。职业责任是主人翁意识的体现,作为企业的一员应视企业发展为己任,自觉履行职业责任和义务。

---

① 克林顿.希望与历史之间 [M].海口:海南出版社,1997.01.

（四）自觉遵守职业纪律

职业道德规范，企业的各项规章制度，是职业纪律的内容。精心维护、模范执行是维护企业正常工作秩序的重要保证。

（五）不断优化职业作风

职业作风是敬业精神的外在表现。敬业精神的好坏决定着职业作风的优劣，而职业作风的优劣又直接影响着企业的信誉、形象和效益。从某种意义上讲，职业作风关系到企业的兴衰成败，关系到企业的生死存亡。优化职业作风，就要反对腐败和纠正行业不正之风，以职业道德规范职业行为。

（六）全面提高职业技能

企业内部要营造浓厚的学习氛围，促使职工不断掌握新技术、新工艺，不断增加技术业务能力的储备，不断更新知识结构，不断提高管理水平，成为本单位的业务骨干和技术尖兵，以过硬的职业技能实践敬业精神，为国家做贡献，为企业创效益、树信誉、争市场。

第四章　职业素质教育

第一节　职业素质概述

职业素质是指劳动者通过接受教育、劳动实践和自我修养等途径形成和发展起来并在职业活动中发挥重要作用的内在基本品质，是工作能力的一种综合体现。行业和职业不同，对个体的职业素质要求也不同。因此，在校大学生应根据自己的专业和职业目标有针对性地培养自己的职业素质，以达到提高就业能力的目的，也为未来取得职业成功奠定基础。

一、职业素质的特征

1. 职业性

职业素质的职业性又叫作职业差异性，即不同的职业需要不同的职业素质，不同的职业对职业素质的要求具有较大的差异性。例如，作为国家公务员必须具有较高的政治素质、良好的道德修养、较强的动手能力、不辞劳苦的创业精神等；作为管理工作人员必须具有高度的事业心和责任心、较强的综合分析能力、强烈的市场和用户观念、良好的决策或辅助决策能力等。

2. 稳定性

素质是作为高度统一的个体行为与特征的稳定的结构因素，这种稳定的结构因素并不是存在于一时一事之中，而是体现于个体活动的全部时空中。通俗地讲，素质养成是个长期的过程，会受到遗传、环境等多种因素的影响，但素质在相对时间内具有稳定性，在特定时间内个体对特定事物也会表现出持续而稳定的行为特征。需要说明的是,素质也是处于动态变化过程中的,并不是一成不变的,因此素质的稳定性是相对的。

3. 内在性

职业素质虽然是个体身上的一种客观实在,但却是看不见、摸不着的,具有隐蔽性和抽象性,只能通过行为方式、工作绩效和行为结果等表现出来。

4. 整体性

同一个体的素质、同一素质的各种成分作为一个高度统一的整体存在于个体身上,互相联系,互相影响,难以分割。比如,如果说某位老师职业素质好,就不仅是说他知识渊博,也是说他的思想政治素质、职业道德素质好。职业素质的整体性还表现在,其中一项素质较差会影响到整体的工作绩效和社会评价。比如,一个从业人员科学文化素质、专业技能素质都不错,但思想道德素质比较差,那么就不能说这个人整体素质好。

5. 可塑性

职业素质并非天生不变的,而是可以通过教育、社会实践等途径逐步提高和完善的。职业素质的可塑性表现在:缺乏的素质可以通过实践和学习得到不同程度的补偿;一般的素质可以通过训练成为个人的特长素质;已有素质也可能因为长期不予实践而萎缩退化。

第二节　职业素质的组成

职业素质由五个方面构成:思想政治素质、职业道德素质、科学文化素质、专业技能素质和身心素质。

一、思想政治素质

思想政治素质是指人们在政治上的信念、世界观、价值观。思想政治素质是职业素质的灵魂，对其他素质起统率作用，规定着其他素质的性质和方向。

高职高专院校的学生要树立科学的世界观。一方面，要认真学习和掌握马克思主义哲学，认识人类社会历史发展的总趋势，顺应时代发展的潮流。另一方面，要在改造世界的实践中经受各种磨难，进行陶冶和锤炼。科学的世界观告诉我们：人生的真正价值在于对社会的贡献或创造，只有在为人类创造幸福的过程中才能获得个人真正的幸福。

理想信念是思想政治素质的灵魂，也是大学生奋发向上的动力。我们的理想就是建设中国特色社会主义，把我国建设成为富强、民主、文明、和谐、美丽的社会主义现代化国家。作为大学生，要在这一理想信念的指导下，从现实出发，确立正确的职业理想并进行合理的生涯规划，自觉地把自己的人生追求同祖国的前途命运结合起来，珍惜年华，刻苦学习，努力用人类创造的一切优秀文明成果武装自己，掌握为祖国、为人民服务的真才实学，确立用诚实劳动创造美好生活的思想。

二、职业道德素质

职业道德是社会道德的有机组成部分，是社会道德原则和道德规范在职业生活中的具体表现。它包括职业态度、职业道德修养水平等。

职业道德是一个历史范畴。社会主义职业道德规范的具体要求是：诚实守信，办事公道，爱岗敬业，服务群众，奉献社会。

劳动者应把职业道德规范化为自己的信念，在职业活动中自觉地去遵守。一个人只有具备一定的道德修养，才能在职业活动中刻苦地钻研业务，提高技能,注意产品质量和服务质量,讲究信誉,忠实地履行岗位职责。

爱岗敬业是职业道德的核心和基础,其中,诚实守信、办事公道是职业道德的重要准则,服务群众、奉献社会是职业道德的灵魂。

三、科学文化素质

科学文化素质是指人们对自然、社会的思维程度。它包括科学精神、求知欲望和创新意识。

科学精神主要包括:求实、创新、进取、怀疑、协作、献身等。对我们普通人来说,只有具备一定的科学精神,才能在职业生活中脚踏实地、勤于探索、勇于创造、善于合作。相反,缺乏科学精神,工作方法难以创新、工作质量难以提高,而且还难以抵制伪科学和反科学思想的侵袭。

求知欲望:表现在许多方面,如不耻下问、质疑、在实践中发现问题。

创新意识:创新是一个民族的灵魂,是一个国家兴旺发达的不竭动力。作为21世纪的建设者,必须有意识地培养自己的创新能力,这既是为社会多做贡献的需要,也是个人展现自我能力、实现自身价值的途径。创新蕴含着深刻的科学精神,必须以深厚的科学文化功底为基础。

一个人的科学文化素质如何,直接关系到其职业素质。

四、专业技能素质

专业技能素质是指人们在从事某种职业时,在专业知识和专业技能方面所表现出来的状况与水平。

专业知识是建立在科学文化知识基础之上的与从事的职业密切相关的知识,必须通过专业学习和职业活动来获得。高职高专院校是培养技能性专门人才的,无论什么专业都会开设一定的基础课和技术课,使学生尽快掌握专业知识。

专业技能是在领会专业知识的基础上，经过专业学习过程中的实践训练和职业实践而逐步获得的。

一个人的专业技能素质越强，在职业生涯中所发挥的作用就越显著，创造力也就越强。

五、身心素质

身心素质包括身体素质和心理素质。身心素质是从事职业活动的重要条件，是成就事业的基础。所以，在校期间要积极参加各项有益于身心健康发展的体育锻炼和社会活动，不断提高自己的身心素质。当今社会生活节奏快，工作压力大，特别要注意培养健康的情感和坚强的意志。积极健康的情感，使我们思路开阔、思维敏捷，有利于我们适应社会；意志是人类所特有的心理现象，能经受住挫折、有坚强的意志是成就事业的柱石。

职业素质是一个有机系统的整体。科学文化素质是基础，专业技能素质是本领，身心素质是本钱，思想政治素质、职业道德素质是灵魂和保证。同学们应该珍惜学校的学习生活，努力学习，积极参加各项有益的活动，在增加科学文化知识的过程中提升思想政治素质，知行合一，德才并进，和谐成长，为职业生涯的成功奠定基础。

第三节　职业素质的培养与提高

提高职业素质有利于促进人的全面发展。人的一生大部分时间是在职业活动中度过的，职业素质的形成过程就是以专业知识和专业技能为核心的社会文化素质、心理素质和身体素质的整合过程。良好的职业素质有助于促进人的全面发展，促进自身的不断完善。

提高职业素质有利于提高劳动生产率，劳动者的职业素质将影响企业的产品数量和质量。劳动者的职业素质越高,就越能提高劳动生产率。

提高职业素质有利于推动社会发展和科技进步。只有拥有足够的高素质人才,科技才能进步,国家才能繁荣昌盛,社会才能全面发展。

高等院校的素质教育是贯穿在整个教学活动之中的。同学们从走进校园的第一天起就要重视自己的素质培养和提高。

市场经济带给人们的不仅是个性发展的自由,更多的是激烈的生活环境带来的生存压力,只有根据市场经济的要求调整和充实自己,不断提高自身素质,提高自己谋生的本领,才能更好地生存和发展。

一、培养隐性职业素养

提高职业素养,要有意识地培养职业道德、职业态度、职业作风等方面的隐性素养。隐性职业素养是职业素养的核心内容,体现在很多方面,如独立性、责任心、敬业精神、团队意识、职业操守等。

二、培养显性职业素养

提高职业素养,要完成知识、技能等显性职业素养的培养。俗话说"三百六十行,行行出状元",没有过硬的专业知识,没有精湛的职业技能,就无法把工作做好,更不可能成为"状元"了。要把工作做好,必须关注行业的发展动态及未来的趋势走向,有良好的沟通协调能力,有高效的执行力,要具备宽厚扎实的基础知识,也要具备广博精深的专业知识,这样才能更好地打造个人的核心竞争力。因此,要针对社会需要和专业需要,获得系统化的基础知识和专业知识,加强对专业的认知和知识的运用,并获得学习能力,培养学习习惯。

三、以优秀员工必备的职业素养要求自己

（一）像领导一样专注

一名一流的员工，不应只是停留在"为了工作而工作，单纯为了赚钱而工作"的层面上，而应该站在领导的立场上，用领导的标准来要求自己，像领导那样专注工作，以实现自己的职场梦想与远大抱负。

（二）学会迅速适应环境

在就业形势越来越严峻、竞争越来越激烈的当今社会，不能够迅速适应环境已经成了个人素质中的一块短板，这也是无法顺利工作的一种表现。善于适应环境是一种能力，具备这种能力的人，手中也有了一个可以纵横职场的筹码。

（三）化工作压力为动力

压力是工作中的一种常态，对待压力不可回避，要以积极的态度去疏导和化解，并将压力转化为前进的动力。最出色的工作往往是在高压的情况下做出的，思想上的压力，甚至肉体上的痛苦都可能成为取得巨大成就的兴奋剂。

（四）低调做人，高调做事

工作中，要学会低调做人，要善于高调做事。在低调做人中修炼自己，在高调做事中展示自己，这种恰到好处的低调与高调，可以说是一种进可攻、退可守，看似平淡、实则高深的处世谋略。

（五）设立工作目标，按计划执行

在工作中，首先应该明确了解自己想要什么，然后再去致力追求。一个人如果没有明确的目标，就像船没有罗盘一样。每一份富有成效的工作，都

需要明确的目标去指引。缺乏明确目标的人，其工作必将庸庸碌碌，坚定而明确的目标是专注工作的一个重要原则。

（六）做一个时间管理高手

时间对于每一个人来说都是有限的，只有善于管理时间的人，才能让有限的时间发挥最大效益。事实上，任何一个成功者，都是时间管理的高手。用人单位在招聘和选拔人才时，时间管理能力是一个重要的考虑因素。在有些岗位，这一能力还显得至关重要，比如，营销人员、外派采购人员、经理人等。他们相对来说自由度较大，如果缺乏时间管理能力，不仅会浪费很多时间，还会浪费企业很多资源。所以，用人单位经常通过组织会议、处理信件、接待来访等方面的考题来考察一个人的时间管理能力。时间对每一个职场人士都是公平的，每个人都拥有相同的时间，但是在同样的时间内，有人表现平平，有人则取得了卓著的工作业绩，造成这种反差的根源在于每个人对时间的管理与使用效率存在巨大差别。因此，要想在职场中具备不凡的竞争能力，应该先将自己培养成一个时间管理高手。

（七）自动自发，主动就是提高效率

自动自发的员工，善于随时准备去把握机会，永远保持率先主动的精神，并做出超乎他人要求的工作表现，他们头脑中时刻灌输着"主动就是效率，主动、主动、再主动"的工作理念，同时他们也拥有"为了完成任务，能够打破一切常规"的魄力与判断力。显然，这类员工才能在职场中笑到最后。

（八）服从第一

服从上级的指令是员工的天职，在企业组织中，没有服从就没有一切，所谓的创造性、主观能动性等都只有在服从的基础上才能够产生。那些懂得无条件服从的员工，才能得到企业的认可与重用。

（九）勇于承担责任

德国大众汽车公司认为：没有人能够想当然地"保有"一份好工作，而要靠自己的责任感去争取一份好工作！世界上也许没有哪个民族比得上德国人更有责任感，而他们的企业首先强调的还是责任，他们认为没有比员工的责任心所产生的力量更能使企业具有竞争力的了。显然，那些具有强烈责任感的员工才能在职场中具备更强的竞争力。

第五章　大学生职业基础素质培养

第一节　大学生身心健康教育

身心健康包括体质健康和心理健康两个方面。《体育科学词典》指出：体质是指人体在遗传和环境的相互作用下表现出来的形态和机能上相对稳定的特征。① 它是人的一切生命活动的物质基础。体质的好坏受遗传、营养条件、身体锻炼、生活环境和生命率的影响，在影响体质的诸因素中，经常地、科学地从事体育运动最为积极有效。体质评论的内容包含形态、体格、体能、机能和适应能力等。而什么是心理健康？根据世界卫生组织（World Health Organization，WHO）的定义，心理健康不仅是指没有心理疾病或变态，不仅指个体社会生活适应良好，还指人格的完善和心理潜能的充分发挥，即在一定的客观条件下将个人心境发挥到最佳状态。以往，人们一般认为人的健康是指身体有无不适，或有无疾病而言。这种观点是单纯从生物学的角度认识健康的。随着社会的发展，人们意识到人既有生物性又有社会性，认识极其复杂的高级生命，不仅有生理活动，还有心理活动和对社会、对生活事件的适应。我们说一个人健康，是指它不仅要有良好的身体素质，而且应该具有较强的心理素质和社会适应能力。当代的大学生面临的竞争日趋激烈，要想在生活、学业、择业等方方面面战胜各种压力，获得竞争优势，必须有良好的身体和健康的心理作为保障。

---

① 中国体育科学学会，香港体育学院编.体育科学词典[M].北京：高等教育出版社，2000.

一、身心健康的职业生存意义

21世纪是知识经济的时代，是信息化社会的时代，同时也是各种思潮相互碰撞的时代。社会裂变过程中的种种矛盾使最富激情的大学生们的思想受到了各种各样的冲击，使他们原本就很脆弱的心理承受了更大的压力。人们往往只关注大学生身上闪耀的亮点，诸如知识丰富、思想解放、思维活跃、视野开阔等，然而对大学生面临的各种挑战及其造成的种种困惑，对大学生脆弱的心理所承受的重重身心压力，却关注不够。因为，一般的压力对大学生来说可能暂时不会产生什么危害，但过强且长期的负荷可能使一部分大学生储备的能量消耗殆尽而产生衰竭，从而引起各种心理疲劳和心理障碍，并且导致生理健康出现问题，严重影响大学生的就业。因此，分析研究大学生群体所承受的压力产生缘由，努力寻求缓解压力和消除压力的办法，提高学生的身心素质，则是高等教育面临的重要课题。

二、大学生体育的现状与改进对策

（一）我国大学生体育锻炼现状

研究表明，普通高校大学生有八成以上对体育持有积极、喜欢的态度，少数表现出冷淡甚至厌恶，并且存在性别差异，喜欢体育的男生和女生之间差异非常显著。男生参加体育锻炼的积极性明显高于女生。从总的情况来看，喜欢体育的学生比率为84.67%，这说明大多数的学生对体育有着积极、认可的态度。但女生占的比率相对男生较低，并与男生之间存在显著性别差异。我国学者通过调查研究发现，男生参加体育锻炼的动机主要为增强体质、调节心理和消遣娱乐，女生主要为增强体质、调节心理和塑造体形。由此可见，普通高校大学生无论男生和女生都把增强体质和调节心理放在前两位，他们对体育增强体质和调节心理的功能认识深刻。男生和女生参加体育锻炼的动机处在第三位的分别为消遣娱乐和塑造体形。这可能是男生和女生生理和心理的差异所致。男生喜欢通过运动来表现自我，发泄不良情绪，展现自己在体育场上的竞争力；女生与男生相比更注重自己的外在形象，所以在体育动机上存在不同。普通高校大学生对体育项目的选择是多元化的，男、女大学生在项目选择时，带有明显的性别特征。从选择内容上来看，男生更多地倾向于选择富有激烈对抗、竞争性的项目；女生更倾向于选择难度较低、对抗性不强的项目或自我表现类的活动，不大喜欢器械或身体接触类的活动，倾向于那些非直接对抗、节奏鲜明、轻松愉快、游戏性和娱乐性较强以及具有时代气息和审美价值高的体育运动项目。从整体趋势看，大学生对健身体育手段的技术性因素并不苛求，而更多的是追求其健身因素，尤其是对一些易于开展，不受场地、器材限制的大众健身项目情有独钟，如跑步、足球、羽毛球、跳绳等。体育锻炼的频率是评定体育锻炼情况的一项重要指标。从总体上来看，男生在体格、身体素质等方面优于女生，锻炼持续时间长。而女生大多由于爱清洁，不太喜欢大汗淋漓等，所以锻炼时间相对男生较短。而几乎不参加或偶尔参加体育锻炼和经常参加体育锻炼的人数相差不多。

（二）改进大学体育的对策

在思想层面，高校体育，包括体育教学、课外体育等，应把健身放在第一位。全面发展人的身体素质、提高健康水平是体育的根本任务，应在提高学生身体素质的过程中教会学生做人、求知、审美、创造，不能本末倒置。目前，体育教学改革十分重视能力的培养，对提高大学生的身体活动能力起到了积极作用。但是大学生身体素质，特别是新生的身体素质，逐年下降的趋势也客观存在，由于身体活动能力与身体素质发展水平密切相关，所以，必须重视对大学生身体素质的培养。

在操作层面,应处理好以下几个问题:

第一,课程内容设置既要满足学生的需要和爱好、强调趣味性,又要重视基础素质训练。基础素质训练应做到全面发展与重点提高相结合,根据实际情况,特别是对弱项进行针对性强的练习。由于学生中独生子女居多,缺乏刻苦锻炼的意志,所以加强对学生意志品质和吃苦耐劳精神的培养尤为重要。

第二,加强课外体育锻炼,优化组织模式,使学生的课外体育锻炼在运动强度、时间、次数等方面达到有效提高身体素质目标的要求。

第三,教师是直接操作者,对学生身体素质的现状应有全面、准确的了解,在学生身体锻炼过程中充分发挥其组织者和指导者的作用。同时,应以是否有效提高学生身体素质作为评价教师工作质量的一项重要指标。

第四,近年来,高校招生规模不断扩大,学校的体育设施建设滞后于学校教育的发展规模,造成学生体育活动受限;授课班级人数增加,教师工作量加大,影响教学效果。因此,加快体育场所和设施、设备等硬件的建设已经势在必行。

第五,大力加强对学生身体素质的调研工作,定期进行监测和评价,并反馈控制,以确保学生身体素质健康发展。

三、大学生心理健康的现状和改进对策

(一)大学生心理健康现状

心理健康是现代健康概念的重要内涵,是人的良好心理素质的表现,是人的整体健康状态的重要组成部分。大学生身心是否健康,人格是否健全,能否全面发展,能否适应社会的各种挑战,对国家的未来和发展起着举足轻重的作用。随着高校扩招,大学生数量的不断扩大,面对竞争激烈的社会环

境，大学生所承受的压力愈来愈大，对心理健康的关注也显得越来越重要。从个人发展的角度来看，大学生们正处于生理、心理和思想发展变化时期，心理发展处在一个由不成熟走向成熟的过渡阶段，心里充满着矛盾和冲突，容易产生各种心理问题。有研究显示，大学生逐渐成为心理危机高发人群。目前，我国大学生的心理健康状况不容乐观，心理问题不容忽视，他们的心理健康已经成为社会关注的问题。调查研究表明，很多大学生感觉学习负担重，精神压力大。这部分大学生因此而产生了一些不良的心理负担，从而影响到他们的学习。同时，很多当代大学生生活适应能力差。他们从中学升入大学，进入一种一切靠自己动手的生活环境，感到无所适从。另外，相当一部分大学生感觉人际关系协调困难，不能正确对待生活中的挫折打击，一蹶不振，悲观绝望，甚至严重到自杀、自残、患精神病。这些大学生成功期望值过高，生活不幸，家庭变故和挫折打击都很容易将他们从理想世界拖入被夸大的痛苦之中。众多的心理学家和教育工作者不断用各种方法研究大学生心理健康现状、原因和对策，以期对大学生心理健康问题能起到一个了解、诊治和预防的作用，提高大学生的心理素质。

（二）改进大学生心理健康教育的对策

1. 注重促进大学生的心理和谐

营造全社会关心大学生健康成长的社会氛围，努力促进大学生心理和谐。首先，提高全社会对大学生心理健康的重视，不仅要有全民健身，也要有全民健心。把心理健康教育纳入社会文明和精神文明建设范畴之中，倡导健康文明的生活方式，营造积极进取、愉悦和谐的社会环境。运用多种媒体，广泛宣传心理卫生知识，使全社会都崇尚心理健康，提高全民的心理健康意识，营造大学生成长的良好的心理氛围。其次，家庭、社会要充分认识大学生就业难的客观现实，不要对他们有过高要求，理解接受他们的多种就业选择。

最后，对大学生尤其是有心理问题的大学生要爱护、宽容。"爱"应该是解决大学生心理问题的良药。注重促进人的心理和谐，加强人文关怀和心理疏导，引导学生正确对待自己、他人和社会，正确对待困难、挫折。加强心理健康和保健，健全心理咨询网络，塑造自尊自信、自强、理性平和、积极向上的社会心态。教育过程应关心学生的自律能力、自发性和创造性方面的同时发挥。强调学生潜力的发展，尤其是那种成为一个真正的人的潜力；强调理解自己和他人并与他人和睦相处；强调满足人的基本需要；强调向自我实现的发展。"我们正经历着一场关于能力、潜力和目标的观念变革，一种人的潜力和命运的新图景正在出现，而且其中蕴藏着许多可能性。"学会直接地用新鲜道德目光检验现实，不仅是大学生，即便是研究生也应如此。

2. 协助大学生开展职业生涯规划

大学生生涯规划应当是个性化的，是量体裁衣的，没有一个对所有人都适用的方案，但有些内容是共同的，即人生理想、生活目标、职业生涯。职业生涯发展贯穿生命始终，但大学阶段确实是重要的起步期。学生可以按照年级特点，每年都做一些准备。一年级为试探期，初步了解职业，主要目的就是向他们灌输就业和职业生涯的概念，让他们从大一开始就对自己今后的职业方向有一个初步的定位和规划。这种指导是粗线条的，是某项职业的最基本要求，以及达到这个职业要求所需要具备的能力。大一学生应多参加学校活动，掌握交流技巧，学习计算机知识，通过计算机和网络辅助自己学习。二年级为定向期，考虑清楚未来是否就业或深造，了解相关的信息，以提高自身的基本素质为主。老师要及时把市场对用人岗位、对某种职业的要求向学生做一些介绍，让他们在进行专业学习的同时随时调整知识结构，锻炼职业要求的能力。三年级为冲刺期，锻炼自己独立解决问题的能力，参加与专业相关的暑期工作，积极尝试。四年级为分化期，大多数学生的目标锁定在工作申请及成功就业上。就业指导要转向信息提供、求职技巧方面。当然，对学生持续进行的就业指导必须科学、规范,这还需要一个专业的教师队伍。只有让学生对就业市场有充分的了解和认识,使自己的所学更能符合社会的要求,才能在激烈的就业竞争中立于不败之地,从根本上解决就业压力下的心理问题。

3. 加强大学生心理健康教育

大学应该采取相应的教育对策,帮助大学生树立心理健康意识,优化心理品质,增强心理调适能力和社会生活的适应能力,预防和解决心理问题。首先,坚持以学生为本,强化情感教育。育人是大学的基本功能,也是教职员工的天职,要从制度上强化育人意识,营造人人关心大学生健康成长的良好氛围。其次,通过开设心理学公共课程、举办学术报告和学术讲座等形式让学生了解各种心理现象,向学生传授心理健康知识,加强心理认知。再次,优化学校育人环境,丰富校园社团组织和第二课堂活动,给大学生创造一个环境优美、积极向上、富有活力的校园环境。最后,要开展经常性的心理健康调查与研究,完善学校心理咨询工作。要对学生心理状况有一个全面的了解,要针对不同年级、不同性别、不同学生来源进行分类,有意识地开展学生心理问题研究,并进行归纳、整理,采取积极、主动的办法和措施,克服可能出现的问题。同时,开展心理咨询活动,及时疏通学生存在的心理障碍、心理冲突、心理困惑及其他心理疾病,帮助他们走出心理困境。高校要为心理健康咨询创造条件,设立心理咨询中心,配备经验丰富、品德高尚的专、兼职人员,完善各种服务设施及信息服务网络,构建完善的毕业生心理危机预警系统与干预机制。

4. 引导大学生关注心理健康

解决心理问题的关键在于学生的自我保健。大学生要关心自己的心理健康,要注重培养健康的心理、健全的人格和成熟的心态。要豁达、宽容,学会自我调节,在失意与困惑时,不过分压抑自己,懂得适当地宣泄自己的情绪，有问题能够及时进行心理咨询。要注意对情商与情绪的管理。情商不是背书学到的，要靠生活中的点滴积累。首先评估自己的情商。其实就是看别人如何看你，社会、市场、组织对你是否认同。选择适合自己的目标加以培养，多交新朋友、多赞美别人，经常分析自己的做事方法是否恰当，观察并向那些做事得体的人学习等。目前，社会各界已开始重视大学生的心理健康问题，尤其是高校学生心理教育工作已步入全面发展时期，已有三分之一的高校成立了大学生心理健康教育机构，有些高校的心理咨询中心已具备相当的规模和水平，一批专业化的心理健康教育与心理咨询队伍正在逐渐成长。同时，大学生自身也已经意识到了心理健康的重要性，"525"大学生心理健康节就是在这种背景下应运而生的，许多高校学生自发地建立了学生心理社团，一些同学还自编自演心理剧作来宣传崇尚心理健康的新潮流。此外，政府也在积极努力，拓宽大学生就业途径，采取各种措施解除大学生就业的后顾之忧。相信在社会、学校的共同努力下，在大学生的积极配合下，大学生的就业心理问题将会越来越少，更多大学生将会以饱满的热情、健康的身心迎接挑战，走向社会。

第二节　大学生公民道德教育

随着学校招生规模的扩大和人才市场的竞争，高校毕业生就业形势越来越严峻。走向市场和实现就业是大学生的必然选择，大学生要适应市场环境、满足用人单位的岗位需求，必须具备最基本的公民道德素质。因此，高校中的公民道德教育非常重要。公民道德教育是以公民社会道德要求为取向的教育形态，是公民教育的重要组成部分。随着我国现代化进程的加快，传统社会结构、生存方式和精神价值生态发生着日益深刻的转型，公民道德素养成为今天我国构筑社会主义市场经济条件下良序、理性、文明的公共生活领域重要的道德价值范畴。由此，以社会主义社会公共生活要求为取向、旨在培养国民"公民意识"、推进社会主义精神文明的公民道德教育，成为我国学校德育的重要内容。为了发挥应有的教育功能，我国公民道德教育必须找到既体现社会主义伦理价值规定又与公民主体内在心灵与价值世界共契的教育方式与方法。也就是说，我国公民道德教育必须在理性化教育与情感化教育之间形成合理张力。

一、公民道德素质概述

（一）公民道德的内涵

1. 公民

所谓"公民"，《辞海》是这样定义的："公民通常指具有一个国家的国籍，并根据该国的宪法和法律规定，享有权利和承担义务的人。"[①] 由此可知，公民主要是法律意义和政治意义上的概念。公民教育中的"公民"更多的并不是这种法律性的内涵，而是政治性和社会性的内涵，即主要是指有效参与国家和社会公共生活的社会成员。从一般的意义上理解，公民就是具有某国国籍的人。

2. 公民道德的特征

第一，公民道德是普遍性与多层性的统一。既然是公民道德，因此，在我国，凡是中华人民共和国公民，人人都应该有道德，都应该具有公民道德。不论男女老少，还是工农兵学商，都要自觉地用公民道德来约束自己的言行，使自己成为一个有道德的公民。当然，由于年龄、智力、职业等的不同，公民道德反映在每个公民意识和行为上是有区别的。比如，热爱祖国是我们每个公民的美德。每个公民都是国家的主人，小公民也是国家的主人。热爱祖国、

---

① 陈至立主编．辞海［M］．上海：上海辞书出版社，2020.

关心国家大事、参与国家治理是公民道德的主要内容。《中华人民共和国宪法》规定,年满十八周岁的公民(依法被剥夺政治权利的人除外)才有选举权和被选举权。十八周岁以下的小公民不能参与,但是,他们可用别的方式表达对祖国的热爱和关心。总之,公民道德要求是普遍性与多层性的统一。

第二,公民道德是广泛性与平等性的统一。不管担任何种职务,从事何种工作,出身如何,财产多少,人人都应该平等地接受公民道德教育。比如,国家公务员,一方面,他们是共和国的普通公民。另一方面,他们又是国家公共权力的执行者,他们的行为对国家社会的发展方向、前途命运影响很大。因此,他们更要自觉地接受法规的约束,接受公民道德的自律。所以,公民道德教育具有极大的广泛性和平等性。

第三,社会主义公民道德是个体道德与社会主义道德的辩证统一。公民是一个自然个体的人,又是一个社会个体的人。社会主义国家的公民道德是社会主义的一种个体道德。这种个体道德是社会主义道德在个体身上的反映。

第四,公民道德反映的是个人与国家之间的关系。因此,在公民道德中,既有公民享有国家法律所赋予道德权利的内容;同时,也应包括履行国家法律所赋予道德义务的内容。《中华人民共和国宪法》中不仅规定了公民享有劳动权、休息权、受教育权等内容,还规定了公民的各种义务,包括:"有维护国家统一和全国各民族团结的义务";"有维护祖国的安全、荣誉和利益的义务,不得有危害祖国的安全、荣誉和利益的行为";"保卫祖国、抵抗侵略是中华人民共和国每一个公民的神圣职责。依照法律服兵役和参加民兵组织是中华人民共和国公民的光荣义务";"有依法纳税的义务",等等。这些既是每个公民必须履行的法律义务,也是每个公民应遵循的最基本的道德准则。

正因为公民道德具有上述的普遍性、平等性、个体性和法律的认可性,它和我们平常所讲的一般的社会主义道德、社会公德、职业道德、家庭美德在性质上都是社会主义社会的道德，但同时又有一定差别。如果说社会主义道德是从社会主义社会"整体"的角度来讲道德的话，公民道德则是从社会主义社会"个体"的角度来讲道德的。公民道德是公民作为社会成员必须具备的普遍的共同的道德，主要是指在一个社会共同体中生活在一起的公民所共有的价值准则、道德规范、社会理想和社会风尚，包括社会建制的价值原则等。它既是公民基本道德素质的体现，也包含了社会公德、职业道德和家庭美德。

（二）公民道德素质的职业生存意义

思想道德素质体现在职业上也就是职业道德，它是从业人员职业道德行为和职业道德关系的普遍规律的反映。

那么对于职业道德规范的定义，我们要进行深入的了解。职业道德规范主要是指人们在从事正当职业、履行职责的过程中，所遵守的行为规范的总和。职业道德基本规范为爱岗敬业、诚实守信、办事公道、服务群众、奉献社会。

同时职业道德也是附着在具体的职业人身上，通过工作行为体现出来的。它是职业人最为宝贵的财富，是职业人最核心的竞争力之所在。作为职业人最重要的职业道德为诚信、责任、公正、忠诚等，可以说这些道德品质是职业人职场生涯的通行证。

1.公民道德素质的基本内容

（1）诚信

诚信，诚即真诚、诚实；信，即守承诺、讲信用。其基本含义是守诺、践约、无欺。通俗的表述就是说老实话，办老实事，做老实人。

诚信不仅是一种品行，更是一种责任；不仅是一种道义，更是一种准则；不仅是一种声誉，更是一种资源。就个人而言，诚信是高尚的人格力量；就企业而言，诚信是宝贵的无形财产；就社会而言，诚信是正常的生产生活秩序；就国家而言，诚信是良好的国际形象。

诚信可以是对社会、对他人的期望，但首先应该是对自己的要求。自己的诚信不能以他人的诚信为前提。一般来说，自己的诚信与赢得他人的诚信成正比，自己越诚信，就越会赢得他人的诚信回报。如果等社会所有的人都讲诚信之后自己再讲诚信，那是等不到的。那等于为自己的不讲诚信寻找借口，无异于推卸自己作为社会的主人在诚信建设中应当承担的责任。

（2）责任

责任是一个人分内应该做的事。人作为社会的一员，都必须和社会、集体、他人发生一定的关系，都要对社会、集体、他人承担一定的责任，如家庭责任、社会责任和工作责任等，其中工作责任是职业人最重要的责任。任何工作都有自己的职责范围和特殊任务，是其他的职业工作所不能代替的。这就使得社会分工体系中的每种具体工作的责任都有明确的规定，不管这种责任是否成文，都为社会所公认，是每一个人在开始工作之前就明确的，在工作之中所必须承担的。

职业人只有在履行责任的过程中，把自己应负的责任化为自己内心的责任感和行业准则，即责任意识并以此来指导自己的职业行为，对自己的职业行为进行自我评价，才能自觉地承担对社会应尽的职责。因此，强化人的责任意识，去做对社会、对集体、对他人有利的事，尽自己对社会、对集体、对他人的责任就成为职业人职场生涯非常重要的事情。

一切向人民负责，是广大职业人员必须具备的职业义务和道德。市场经济主体的自我利益与社会利益是统一的，对自我负责任与对社会负责任是一致的。但是，由于人们受到利益相关度的影响和制约，人们对自身利益的责任感往往要强于对社会利益的道德责任感。在此情况下，广大职业人员必须正确认识社会利益，勇于向社会负责，向人民负责。如果一个人只看重自己的权和利,而不能尽职尽责,其结果不仅会损害社会利益、部门利益,而且个人利益也会受到影响而不能充分实现。现实生活中,一些人在利益面前患得患失,生怕自己的利益受损,其结果往往是得不偿失。

（3）公正

公正,即公平与正义。职业公正即客观地审视现实世界,用相同的标准对人对己,责人责己,各个行业的劳动者在处理各种职业关系,从事各种活动的过程中,都要做到公平、公正、公开,不损公肥私,这是职业道德的基本准则。

（4）忠诚

一个人在职业生涯中,忠诚与否,是其能不能得到良好评价的重要条件。忠诚就是指一个人在不违反国家法规和职业纪律的条件下不做损害单位利益的事,尽职尽责,做好自己的本职工作,尽最大努力为单位创造价值。

以上这些道德品质对大学生就业而言,将产生至关重要的影响。

2.公民道德素质的就业价值取向

随着科技的发展,经济全球化给我们带来了巨大的冲击。我国正处于全面建设社会主义市场经济的转型期,高等教育的大众化带来的一系列问题使我国大学毕业生出现就业困难的现象。市场化社会,就意味着竞争。要想在充满竞争意识的市场化社会立足,作为大学生,必须提升自身的公民道德素质。公民道德素质是一个人走向成功的奠基石,是大学生就业价值取向的风向标,面试的试金石,面对就业挫折的磨刀石,规避求职陷阱的"安全阀",能否遵守就业合同的界碑,也是事业成功与否的分水岭。可以说思想道德素质对大学生整个就业过程产生全面、深远的影响。所以,提高大学生的公民道德素质将有助于提高大学生的就业率。

（1）公民道德素质是就业价值取向的"风向标"

就业价值取向是人生价值观在就业过程中的充分反映和集中体现。大学生就业价值取向是指大学生个体对未来工作的环境、特点、性质和目标的追求和取舍。其主要特征是：其一，自觉性。就业价值取向体现的是大学生的主观就业动机和客观就业行动上的自主性和积极性。其二，多样性。大学生的就业选择是多种多样的。这种多样性选择是大学生个性张扬在就业过程中的具体反映。其三，层次性。每个人的价值追求都不太一样，层次高低有别。有人希望能够到边远山区从教，为那里的孩子播撒希望的种子；有人希望回到家乡，为改变家乡的落后面貌贡献自己的力量；有人希望能够献身国防事业；有人希望能够自己创业，为社会提供更多的工作岗位。以上是以奉献社会为价值取向的，可以列入高尚道德层次。也有人希望到"大城市、好单位、高工资"的地方工作，圆自己的"白领梦"；或找一个安稳的工作，不再为生计而担忧，也可以回报父母的养育之恩。这是以满足个人需要而不损害社会和他人利益为价值取向的，可划入一般道德层次。还有极少数人则存在有悖于社会发展潮流的观念，幻想"嫁（娶）个有钱人，可以少奋斗 20 年"；或依靠父母生活，成为"啃老族"；而有的人则以非正当甚至是恶性竞争的手段来实现自我价值。这一类可归结为负向道德层次。思想道德素质较低者的就业价值取向具有消极性和负面影响。从表面上看，退出工作岗位的价值取向是个人自由支配、自主选择的生活方式，与社会价值目标无涉，但实质上它直接或间接地阻碍和延缓了社会价值目标的实现。社会人口分为劳动人口和赡养（抚养）人口，前者为社会的存续和发展创造必要的物质和精神财富，而后者只是物质和精神财富的消费者。任何社会要持续、健康地向前发展，必须有足够的、高素质的劳动人口来提供源源不断的物质和精神财富，以满足整个社会的需求。一旦劳动人口（特别是高素质者）下降，物质和精神财富也会相应地减少，而消费却非但不减少，反而会增加。我国的劳动人口素质本来较低，迫切需要大批受过高等教育的劳动者充实社会主义建设事业，为了追求个人舒适的生活而退出就业势必导致赡养（抚养）人口增加，财富减少。从更小范围来说，也大大加重了家庭的负担。它是享乐主义、颓废思想急剧膨胀的温床。

而那些采用不正当甚至是恶性竞争方式来达到个人目的的大学生，则完全击穿了"就业道德底线"。也就是说，他们就业价值的实现是以他人就业价值无法实现为前提的。这种就业价值取向，还容易产生个人价值中心主义和相对主义倾向。前者以"自我"为中心，以自由选择、自主择业、自我发展为借口，绝对排斥"自我"以外的就业价值影响和支配，而后者则建立在前者的基础上，完全混淆了真假、善恶、美丑的客观标准，价值评价模糊化、"无涉化"。思想道德素质较高者的就业价值取向具有积极性。他们具有神圣的使命感和强烈的社会责任感，他们总是以社会价值目标作为自己的最高追求，体现的是奉献社会的精神和为人民服务的先进性要求，展现了当代大学生昂扬向上的精神风貌。这种就业价值取向正是时代的需要，是个人就业价值取向与社会价值目标有机的统一。正如马克思在《青年在选择职业时的考虑》一文中所言："如果我们选择了最能为人类福利而劳动的职业，那么，重担就不能把我们压倒，因为这是为大家而献身；那时我们感到的就不是可怜的、有限的、自私的乐趣，我们的幸福将属于千百万人，我们的事业将默默地、但是永恒发挥作用地存在下去，而面对我们的骨灰，高尚的人们将洒下热泪。"[1]

马克思的崇高职业理想和为人类幸福而工作的职业行动依然在不断地鼓舞着当代大学生中的先进分子。他们在学习和就业准备过程中，就下定决心将自己的追求和目标放飞在社会需要的大舞台上。因而他们的就业视野十分开阔，"到基层去，到边远地区去，到祖国最需要的地方去"，为祖国强盛、

---

① 卡尔·马克思.青年在选择职业时的考虑［J］.就业与保障，2017（19）：57-58.

社会发展而奉献，在"广阔天地"施展自己的才干，而不是拥挤在人头攒动的就业"独木桥"上。

（2）公民道德素质是面试的"试金石"

如果将就业比喻为一棵大树，那么就业教育就是树根，就业指导是树干，而面试是树枝。但是，树枝的生长对大树还是有影响的。面试是显性能力的体现，是展示大学生综合素质和精神风采的最佳时机。这时候，大学生的能力和水平不可能完全展现在招聘者面前。但是，个人的基本素质（特别是品质）却能够外显。思想道德素质较低者，其自卑心理最容易表现出来，或着装太随意、不修边幅，或过分打扮、刻意追求时髦甚至拍摄"写真集"、整容、垫高；在语言表达上，太过拘束也难以体现自信心，特别是有些人喜欢说一些套话、大话。诸如"给我一次机会，我会还你一片奇迹！""给我一点阳光，我会还你一片灿烂！"这些话第一个人说出来也许还有一丝半缕创意，第二个人说出来则有雷同之嫌，而第三个人、第 N 个人说出来就是拾人牙慧、让人生厌了。这种救世主式的措辞事实上是自卑者掩盖自卑的惯用语气，也让人感觉求职者心浮气躁；在行为举止上，与人谈话时东张西望，手足无措是胆怯、害羞的表现。思想道德素质较高者则非常自信，而且能够一分为二地看待自身的成绩和不足。他们衣着得体，举止文雅，能够从容地、实事求是地应对主考官提出的问题。他们不会不懂装懂，也不说大话和套话，他们看待问题有自己的思想和主见，不会人云亦云，亦步亦趋。对于自身的优点和特长，他们能够在最短的时间内表现出来；而对于自身的不足，他们也从不刻意隐瞒。因此，在面试环节上具有明显的优势，给招聘单位留下了良好的第一印象。思想道德素质同样渗透在与面试相辅相成的另一个环节，即简历制作上。俗话说："文如其人"，这是因为人的思想修养和品性都蕴藏在字里行间。思想道德素质较低的大学生追求的是简历的华丽和内容的不实。他们为了获得招聘单位的好感，不惜铤而走险，夸大自己的优点和成绩，甚至杜撰一些子虚乌有的荣誉、社会实践和专业实践经历等。这种不诚信的行为极大地损害了大学生人才市场的规范性和权威性，也理所当然地遭到招聘单位的强烈反感。所以，这类大学生容易止步于用人单位的大门之外。少数侥幸者虽然闯过了这一关，但是，就算走上工作岗位，最终还得露出马脚，被单位扫地出门。这样的事例已经屡见不鲜。相反，思想道德素质较高者的简历朴实无华，实事求是，成绩和不足都能够清楚明白地体现出来，当然对自身缺点的改正思路也非常清晰。这正是招聘单位所认同的。所以，在即将走上工作岗位的第一道关口上，思想道德素质成了一块试金石。

（3）公民道德素质是面对挫折的"磨刀石"

一个优秀的大学生不但要有征服职场的勇气和信心，同时也要有承受被职场冷落、被用人单位拒绝的耐挫折力。遇挫弥坚是大学生就业成功的基本要素。这恰恰是用人单位所看重的。任何单位需要的都是意志坚定、百折不挠的人，这既是个人潜力发挥不可缺少的，也有利于单位发挥人力资源优势。如果员工一遇到困难就退缩、放弃，其本人的潜力难以发挥，对单位也是巨大损失。现在的人才市场从理论上说是双向选择，而事实上用人单位已经牢牢控制着用人主动权。它们对人才的要求越来越高，越来越严，因而大学生就业难度也越来越大。就业是个人能力和素质的全面竞争，但并不是说能力强就一定能够获得满意的岗位，就算是付出艰苦努力也不一定获得单位认可，毕竟影响就业的因素是多种多样的，所以，大学生就业面临反复挫折的概率增大了。而挫折就像磨刀石，强者越磨越坚强，弱者则越磨越懦弱。强者与弱者的分水岭恰恰是思想道德素质的高低强弱。思想道德素质较低者的各项素质既是脆弱的，又没能"化合"，所表现出来的思想道德素质当然也是脆弱的。在求职过程中遇到挫折时，他们既没有内省的思想道德智慧，同时也缺乏反思的勇气，他们不会从自身去寻找失利的症结，而是将所有问题归因于如扩招引起"多收了三五斗米"、教育落后、用人单位太挑剔等。这种怨妇式的哀叹并不能改变他们求职的现状,他们依然在职场中重复着失败,也重复着不满,同时战胜困难的信心和决心却在一点一滴地消退。一些人最后成了以母校为避风港的"校漂族",另一些人则成了龟缩在父母身边、靠父母养活的"啃老族"。思想道德素质较高者正好相反,他们常常能够辩证地看待问题,不因一时一地的挫折而放弃自己的选择。一般情况下,思想道德素质较高者,由于其已经将自己具备的各项素质有机融合,形成素质"合金",所以显得格外坚硬,职场上的挫折绝不会给他们造成多大影响。相反,在挫折和困难中,他们更加能够辩证地、冷静地看待问题和就业发展趋势,特别是能够反躬自问,进行自省,在蛛丝马迹中更加敏锐地发现自己适合的工作目标,并成功转型。

(4)公民道德素质是规避求职陷阱的"安全阀"

现在各种虚假的招聘信息和非法的招聘单位充斥人才市场。近年来,针对大学生的传销活动从未停止,屡打不绝。大学生在求职过程中落入传销陷阱的新闻不绝于耳。大学生堕入求职陷阱充分说明,思想道德素质低下容易导致对整体素质的调控失灵,造成"思维短路",缺乏足够的洞察力和判断分析能力,易被巨大的利益诱惑遮蔽了"慧眼",欺骗者常常使用的是"快速致富"的词语,但是,这种"赚钱"的方式和速度有悖于最起码的经济规律和市场法则,存在着难以预测的巨大风险。一些大学生对这样的"画饼"深信不疑。被骗表面上看是智力不足或"思维短路",实质上也是思想道德素质不高的表现。而较高的思想道德素质对综合素质总是能够起到良好的调节作用,特别是面对巨大的风险,能够自觉地启动"安全阀",即能够冷静、客观地加以分析、判断,敏锐地洞察到表面利益背后的危险性,及时采取规避措施,有效防止上当受骗。可见,在认真解剖各种欺骗特别是传销组织的蛊惑之技的同时,提高大学生思想道德素质尤其重要,这才是治本之策。

（5）公民道德素质是守约与毁约的"界碑"

一般而言，用人单位与大学生双向选择都满意后就会签订用人合同。这是用人单位与大学生签订的确保双方享受权利和承担义务的法律文书。近年来，一些大学生本着"全面撒网，重点捕鱼"和"骑驴找马"的非理性原则，常常先找一个单位签订合同，为将来寻找更好的单位垫底，一旦找到更加理想的单位，马上撕毁原来的合同。于是，每到大学生离校时，都会有一些人为此而支付违约金，这大大增加了自身的就业成本，也影响了自身、同届其他同学或下几届大学生甚至整个学校在这些单位中的形象。思想道德素质较低的大学生是毁约的先行者。他们缺乏科学的人生观和价值观，在具体求职行动中以个体需要的满足为根本出发点，丝毫不考虑自己的毁约行为给用人单位、其他同学和母校带来的恶劣影响。表面上看，他们暂时获得了一份比较满意的工作，但是只要存在这种不良思想，他们就会得陇望蜀，就不会顾及单位和他人的利益，只为个体需要的进一步满足而不断毁约。因为他们内心深处潜藏着"相对剥离感"，即与同届单位更好、收入更高、条件更好的同学横向比较，自己相形见绌；与某些工作条件好的往届毕业生纵向比较，自己也难望其项背。这类大学生由于缺乏对单位基本的忠诚和与单位共兴亡的责任感，不论他们如何频繁"跳槽"，都将永远游离于工作的核心，并越来越被边缘化。相反，思想道德素质较高的大学生由于具有科学的人生观和价值观，能够清醒地认识到人的需要不是脱离社会关系的绝对的个人物质和精神欲望，恰如马克思所指出的："我们需要和享受是以社会的尺度，而不是以满足它们的物品去衡量的。因为我们的需要和享受具有社会性质，所以它们是相对的。"①在处理与单位的关系时，能够始终理智地将个体满足与单位兴衰很好地联系起来。他们在签订合同时是慎重的，但是一旦签下自己的名字，他们就会义

---

① 卡尔·马克思.1844 经济学 哲学手稿［M］.刘丕坤，译.北京：研究出版社，2021.

无反顾地信守合同。尽管在以后会遇到更好的单位,他们也会不为所动。

(6)公民道德素质是事业成败的"分水岭"

走向工作岗位后,思想道德素质对个人事业的影响力同样巨大。工作岗位是个人价值体现的最好平台。个人价值的体现需要奋斗,人生的成功需要奋斗。这样的奋斗突出体现为意志、信心和责任。思想道德素质较低者,常常错误地理解个人奋斗就是为一己之利而奋斗,是一种排斥他人和对社会反叛的奋斗。这种只顾"小我"而忽略"大我"的奋斗轨迹容易将自己与他人和单位对抗、分裂,虽然自己生活在群体之中,但内心已经自我封闭,也无法得到相应的群体资源和他人的帮助。而在社会分工越来越细,各项工作越来越需要配合、协作的现代社会,这样的思想观念是逆社会发展、注定要撞南墙的。他们在行为价值目标上,表现出来的是将个人价值置于社会价值之上,其所有的工作热情都将以个人所得为出发点和归宿。而个人因达不到目的又常常内心失衡,心怀不满,对他人和单位表现出强烈的抵触情绪,容易陷入难堪、苦闷、孤立的境地。由于他们不能驾驭情感,内心的激烈冲突削弱了他们本应该集中于工作的理性思考的能力,更加导致工作效率下降。他们往往是麻烦的源头,不利于集体中其他成员充分发挥优势和特长。思想道德素质较高者在平凡的工作岗位上敬业爱岗。他们具有为所在单位兴旺发达奉献的信念。当一个人具有坚定信念的时候,便具有高度的责任感和使命感。他们已经将"厂兴我荣,厂衰我耻"作为自己精神追求的一部分,工作已内化为一种必须全力以赴的事业,他们对工作表现出执着和认真态度,全神贯注,精益求精。他们能够很快走上正轨,并逐步成为单位的骨干和核心力量。在单位蒸蒸日上的同时,他们的个人利益也能够得到较好的满足。思想道德素质较高者善于协作。协作精神是人在任何时候都必须具备的,不论是陌生人组成的"偶发聚合体",即碰巧同时在一个地方的人临时组成的人群集合体,如公共汽车、火车等交通工具上的乘客、电影院一起看电影的观众等,还是具有一定分工协作、有明确的行为准则、有一定目标并形成归属感和认同感的相对稳定的组织性群体，都应该有起码的协作精神。否则，便不可避免地出现混乱和难以调和的矛盾。良好的人际关系是集体力量的重要源泉。这样，人与人不再是各自为政的单独体，而是具有极强凝聚力、战无不胜、攻无不克的群体。对此，中国古代思想家荀子早就做了精辟的论述："人，力不若牛，走不若马，而牛马为用，何也？曰：人能群，彼不能群也！人何以能群？曰：分。分何以能行？曰：义。故义以分则和，和则一，一则多力，多力则强，强则胜物。"①良好的协作精神能够增强凝聚力，最大限度地释放人的能量，尽情发挥其创造性和才干，增强凝聚力，提高工作效率。思想道德素质较高者具有高尚的道德理想、崇高的精神追求，其追求本身具有超功利特点，使自己总是乐观向上、富于热情，使自己富有特有的人格魅力，成为社会所需要、为他人所喜欢的人。这既是事业成功的关键，也是生活幸福的根本。他们甚至在领悟组织机构中主宰个人沉浮的不成文的游戏规则等方面都占尽优势。他们通常能够营造出内部和谐的氛围，也是集体优势最佳发挥的最重要因素。他们能够紧紧依靠他人的力量，也容易得到他人的帮助，个人力量成倍增长，为事业成功奠定坚实的基础。

思想道德素质对大学生就业六大维度的影响涵盖了大学生从就业准备到正式走上工作岗位的全过程。上述这六大维度既相对独立，又相互交织，紧密联系，构成了大学生就业的基本道德素质，决定了大学生就业的价值取向和就业结果。因此，要提高大学生的就业率，增强社会责任感，必须加强思想道德教育，努力提高大学生的思想道德素质。

---

① 荀子. 荀子 [M]. 长春：北方妇女儿童出版社，2016.

二、大学生公民道德教育的现状透视

（一）大学生公民道德教育的现状

1. 精神层面上

目前，经过高考洗礼后进入高校学习的大学生，大多以"天之骄子"自居，自视甚高，优越感强，而相对于自身的局限性则认识较少，因此心理承受能力相对较差，一旦遇到较复杂的问题就会产生强烈的挫折感和失落感，或怨天尤人，或悲观失望，个别人甚至缺乏脚踏实地的精神，缺乏自律，不能严格要求自己，缺乏公德心，学习上不求甚解，得过且过，60分万岁，乃至考试时心存侥幸，企图蒙混过关。有的学生学习上只追求短期效应，人生目标模糊，缺乏吃苦耐劳和刻苦钻研的精神。

2. 行动层面上

具体表现为诸如从抄袭作业到考试作弊，从贷款不还到偷盗财物等行为，均反映了当前大学生令人担忧的思想道德状况，也折射出当前高校思想道德教育的积弊。作为天之骄子的大学生，理应站在道德的高层引领社会大众，但现实却是部分大学生屡屡践踏道德底线，甚至触犯法律。如马加爵杀人案、付成励杀死政法大学教授这样的恶性案件让人瞠目结舌，为钱杀人，为气杀人，为色杀人，完全失去了对生命的敬畏，失守了做人最基本的道德底线。

在公德领域，有的大学生损人利己，缺乏教养，有意或无意地破坏公物，不讲卫生，言行不检，考试作弊。在私德领域，有的大学生追求虚荣，贪图享乐，玩弄感情，盲目拜金，对傍大款等不劳而获的不良行为不以为耻反以为荣。在日常生活中，拾金不昧精神消失了。有一些同学拾到了别人的东西，如果对自己有用则会据为己有，如果没有用则乱扔掉。殊不知，这东西可能对失主而言是很有用的。在大学生的生活中，失约、不负责任，答应了别人的事不按时完成,等等,都给现在的大学生言行一致的道德品质打了一个大大的惊叹号!

大学里"课桌文化"泛滥成灾。善于发现的同学一定会注意到:在我们的美丽学校里,有一处很特别的发言板——课桌。课桌文化是早有渊源的。但凡哪儿有课桌,其上必要有些什么的。小学,只是一些简单的画儿,鸟兽鱼虫抑或是变形金刚、忍者神龟;中学,开始有文学,不成文的词或是词组,再有些短句;进了大学,便一下子纷呈起来。诗、散文,连ABC也搬上了桌面。至此时,课桌上的东西便俨然形成了一种文化——于是有闲人起名曰"课桌文化",但课桌文化是不文明的,教室是上课的地方,课桌是提供看书学习的平台,一张张崭新的课桌,被某些同学使用过后,就变得乌烟瘴气,恰似一张白纸被泼了半片墨乱哄哄、低俗的涂鸦。

在大学校园里,还有一个最敏感的问题就是"奖学金"。目前各大高校都出台了一系列奖学金的评审政策,因此有的大学生为了"争"奖学金不择手段,因为各大高校都有类似的规定:班干部加分、获得"荣誉称号"、比赛获奖、文艺比赛获奖等都可以加分,因此巴结班干部、请客拉票等不好的现象层出不穷。同时,由于许多高校对特贫困生都有优待政策,因此有些同学就谎称自己贫困,骗取特贫困生名额。

以上这些在过去匪夷所思的行为,是在发展中、在东西文化碰撞中产生的道德问题,值得教育领域讨论和深思。

道德致美、道德扬善,中国几千年的传统道德致力于培养具有"君子"之风的道德。大学生作为知识分子,理应是谦谦君子的形象,应该奉公守法、是非分明;应该勤奋求学、踏实进取;应该宽容厚道、与人为善;应该诚实守信、礼貌待人……即"自尊、自爱、自重、自强、自信"。绝大多数大学生追求高尚的道德境界,但有少部分大学生却自甘道德的堕落,致使大学校园屡屡可见大学生道德失范现象。

（二）影响公民道德教育的因素

1. 家庭宠爱

家庭是社会最基本的细胞，也是基础文明教育的起点，要教育子女成为一名有高尚道德的人，就必须从家庭教育开始。现在的大学生，独生子女约占到 90%。独生子女的家庭经济状况和生活成长环境相对宽松，条件较好，生活水准较高。由于家长、监护人无微不至地关怀、呵护，一些独生子女养成了不良生活习惯，并带入大学生活。不少学生已习惯以我为中心，"人人为我"视为理所当然，至于"我为人人"既不去想，也不愿去做，久而久之，尊敬师长、敬老爱幼观念淡薄了，冷漠、自私、怕苦、怕累的坏习气养成了。一些家长宁愿自己吃苦受累，节衣缩食，也要让孩子舒舒服服、体体面面上学，对他们有求必应，很少甚至不去过问他们的花费去向，这无疑变相地鼓励了孩子的高消费，滋生了摆阔气、讲排场的恶习。

2. 受应试教育的影响

为了应对高考，学生整日埋头书本，"两耳不闻窗外事"，无暇做与学习无关的事情。另外，家长也由于孩子学习紧张而不忍让其为生活小事分心，从而一切家务大包大揽，造成孩子懒惰及生活低能。

3. 教育与社会实践脱节，大学生职业生存意识差

学生进入大学后，劳动机会甚少，高校教室、楼道、厕所都有工人清扫，花坛、草坪亦有专人打理，造成学生劳动观念淡薄，劳动意识欠缺。

4. 个人本位价值观泛滥

在市场经济条件下，由于企业利益、经济人的个人利益更加得到肯定和一定程度的强化，在处理个人、集体和国家利益之间的关系时，如果没有正确的规范导向和政策引导，就会产生只看到个人和局部利益而忽视国家、社会、整体利益的倾向，导致个人本位价值观。随着我国经济社会改革开放的不断

深入发展，人民生活水平大幅度提高，青年人的学习环境大多较为优越、舒适，生活十分顺利，造成大学生追求物质享受，奢侈浪费，缺乏吃苦和奉献精神。大学生公民道德意识薄弱和欠缺不利于国家和社会的发展。由公民道德意识欠缺而产生的公民行为不仅影响到国家的前途和未来，而且完全实际地左右着国家的现实命运。每个社会成员所采取的日常行为直接或间接地影响到国家，可以说国家社会的状态，很大程度上取决于各个公民具有怎样的素质和道德观念水准并以怎样的方式实现他们的社会价值。

三、加强大学生公民道德教育的对策和建议

大学生是新生代的力量，是未来社会的主要生力军。大学生道德状况如何，将直接关系到中华民族的整体素质，关系到和谐社会建设的进程，关系到社会主义现代化建设能否成功，关系到能否实现中华民族的伟大复兴。大学生道德属于特定社会群体的公民道德，因此大学生的道德取向是一个社会道德的风向标。它的好坏可以直接反映出这个社会所存在的问题。

（一）观念先行，突出以人为本

树立大德育理念，高度注重德育人本化。打破就教育论教育、以说教代道德等难以取得实际效果的教育形式，认识到道德建设主要不在说、写，而是在做。道德品质在培养，道德建设在执行，认真执行，具体实施，坚决反对道德建设上的形式主义，把教育重点转移到人的全面发展上来。从根本上抓好人的成长，以"人而无信，不知其可也"[①]为出发点，注重人文精神的培养和发展。加强人文教育，是提高人综合素养的重要方法，也是进行社会"价值重建"的重要途径。一段时间以来，由于功利主义的影响，高校课程设置、培养模式越来越"社会化"，就是"社会要什么，大学就给什么；政府要什么，大学就给什么；市场要什么，大学就给什么"。重视实用性课程是必要的，但是人文教育

---

① 　出自《论语·为政》。

不能被冷落,否则,将弱化大学生职业生存的综合素质,原本是为了让大学生能够适应社会的发展,却因人文素质低下而制约了大学生的长远发展。因此,有必要不断增加人文学科在大学生课程体系中的分量,帮助大学生了解和把握人的生存状况、人的生存价值和生命的意义等重大人生课题,让他们在人文学科这片肥沃的土地上找到正确的人生方向。

在内容上,全面体现现代化。当前,经济全球化和教育国际化的迅速发展要求我们在大学生的道德教育内容上必须注入新的时代精神,使道德教育尽快摆脱传统观念的束缚,走向现代化和国际化。因此,我们必须对大学生的道德教育内容进行重新审视,在理论的内涵和外延上进一步深化拓展,开辟创新,以全新的思路探索大学生现代化的道德建设,加强大学生公民道德教育。

在实践上,必须强调一致化。这主要是指认识与实践的一致性。首先,重视对大学生进行思想道德观念的引导,使他们对道德建设由认识转化为信念,由信念转化为行动,努力实践知行合一。另外,努力规范学校的活动,特别是与学生密切相关的活动。真正做到公平、公开、公正,不弄虚作假,不欺上瞒下。让学生亲身体验,亲眼看见学校的行为和对学生的道德要求是统一的,言行尺度是一致的。“道德教育”是一个复杂的社会系统工程,只有通过全社会的不懈努力,才能使道德成为人们共同遵守的准则,尤其是对大学生的道德培养更具有长期性。对于当代大学生来说,要养成良好的道德修养,必须志存高远,树立远大目标,拥有宽阔的胸襟,开阔的视野。无论是做人还是做事,追求卓越,反对平庸,在各方面对自己严格要求,在学习和生活中做到以德修身,自觉维护道德准则,成为社会道德的中坚。

(二)构建“四举并重”的德育体系

做好大学生道德教育工作,必须牢固树立“以理服人”“以文化人”“以情动人”“以行树人”四位一体的全方位道德教育理念,着力构建“理论德育”“文化德育""情感德育""实践德育"四举并重的全领域德育体系,推动形成全员育人、全过程育人、全社会育人的道德教育新格局。

1. 以理服人,加强说服教育

说服教育是思想政治道德教育中最基本、最常用的具体方法之一。说服教育是指思想政治教育者通过阐释某种思想理论,启发开导教育对象,以理服人的教育方法。教育者通过运用马克思主义理论和其他科学知识,深入浅出,循循善诱,使教育对象明辨是非,提高认识,指导其思想和行为。教育者要通过"诲人以理",达到用说服教育指导人们思想和行为的目的,应该了解说理教育的依据和基本要求。在实行中要注意以理服人,有的放矢,讲究说理艺术,运用思想政治教育的原理和方法筑牢道德教育的基础。大学的道德教育不同于中小学的道德教育,已基本走出"塑造"的阶段,重心放在"纠偏"和"发展"。由于教育对象是具有一定判断力的高智商的青年大学生,故道德教育不仅要使其知道"应该怎么做",还要明白"为什么要这么做"。因此大学的道德教育就需要认真分析大学生的特点和需要,有的放矢开展教育。有的道德失范是因为缺乏认知;有的如新时期遇到的一些道德新问题属于边缘道德问题,道德标准选择的多元化与道德价值判断的模糊化倾向让大学生失去了道德的方向感。这就需要教育者以人为本,与时俱进、具体问题具体分析地给大学生指明方向。如针对"人是否是自私的"这个问题,放在人性论的角度来阐释,人具有兽性而是自私的,但因摆脱兽性彰显人性而不再自私。大学校园学子裸奔事件放在"公德"和"私德"的领域来探讨问题也迎刃而解。澄清了认知,也就从根本上改变了态度和行为。有的道德失范不是缺乏认知,而是没有固化态度,甚至行知背离。发生这种情况的原因很多,如个体经验的内参照,或群体规范的外参照等。如有的大学生明白事理,但一旦和自身利益有冲突的时候,特别是无人监督的时候,行动就失去了道德自律。因此,为了巩固好的道德行为,防止知行脱节,教育者一方面要不断灌输,巩固认知，使其内化为自身的道德信仰。另一方面可以根据行为主义的学习理论，运用奖励和惩罚等手段，最大限度地强化学生的合适行为，消除不合适行为，使其从服从到自觉，唤醒和强化大学生的道德自律意识。这种手段特别适用于挑战道德底线的大学生。

2.以文化人，重视典型引导

典型教育法是通过具有代表性的人或事进行示范，引导人们学习、对照和仿效，提高人们思想认识的一种教育方法。有的时候，我们也把那些有代表性的反面典型或后进典型用来对人们进行警示教育，这是一种特殊的典型教育。典型具有形象、具体、生动的特点。先进的典型是社会主义精神文明的集中体现，能起到感召、吸引、激励和催人奋进向上的作用，使教育对象产生自我教育的动机。典型教育法是思想道德教育经常使用的一种有效的方法。应汲取优秀传统文化，为大学道德教育补充源头活水。中国古代理学家朱熹曾赋诗"问渠那得清如许，为有源头活水来"，此话正适合今天的大学道德教育。要使大学培养的学生有君子之风，心怀天下，大志在胸，清风傲骨，守节有持，只有如清渠一般，不断有活水的滋润。而这道德的活水里理应有延续千年的中华传统文化，有"温、良、恭、俭、让""仁、义、礼、智、信""孝、悌、忠、信、礼、义、廉、耻"，以及"修身、齐家、治国、平天下"和"慎独"的道理；这道德的活水里还有以"雷锋精神"为代表的集体主义道德观念——无私奉献、艰苦奋斗、毫不利己、专门利人等全心全意为人民服务的思想；在这道德的活水里有"五讲四美三热爱"，在这道德的活水里还有"八荣八耻"的社会主义荣辱观。这些源头活水都是滋养华夏儿女的先进文化，是中华民族得以生生不息的力量源泉，它教给人做人的道理、做人的要求、做人的方法，并让人从中得到做人的乐趣，让人追求崇高的精神境界。

3.以情动人，注重情感教育

情感教学法是教育者通过真挚的情感、善意的言行，激发教育对象感情共鸣,使其形成正确的世界观、人生观和价值观的教育方法。情感教育把情感视为人的发展的重要领域之一,关注人的情感在教育的影响下使思想产生新的质变,激发人的健康向上的动力作用。大学生是思维活跃、个性突出的青年群体,特别是道德观念中自我意识越来越强烈,价值取向主体化,从情感上拒绝"我必须这样做"而更多倾向于"我志愿这样做"。如果诉求得不到满足,就很容易把情感封闭起来,结果造成"你说你的,我做我的",给大学生道德教育增加了不小的难度。这就必须改变教育者高高在上简单说教、学生被动接受的传统教学模式,需要教育者俯下身子多倾听、多交流,以情动人,用爱心和耐心去融化学生的情感坚冰。目前国内外比较推崇建构主义的教育方法,它强调教师扮演引导者、源助者和促进者的角色,营造对话与协作的情境氛围,引导学生自己建构属于自己的、符合社会要求的认知体系。同时,根据思想政治心理学理论中的海德平衡理论和菲斯汀格的认知失调理论,为了增强教育者的权威性,若选择德高望重的教师来完成道德劝导的任务,往往事半功倍。

4. 以行树人,倡导激励教育

激励教育是指持续性地激发人的动机,使人提高积极性,从而达到提高行为效率目的的方法。秋瑾说过:"水激石则鸣,人激志则宏。"[①] 现代心理学研究表明,人的工作热情在经过激发与未激发之间有着巨大的差异。思想政治教育的重要功能之一,就是运用多种激励手段,激发和调动人们参与现代化建设的积极性和创造性。在服务社会的实践中升华道德境界。深入开展社会实践是大学道德教育的重要环节,对于促进大学生了解社会,了解国情,培养爱心,奉献社会,锻炼品质,增强社会责任感具有不可替代的作用。我们要引导大学生走出校门,开展形式多样的社会实践活动,在活动中去发现和体会道德真、善、美的力量,从而在思想上有共识、感情上有共鸣,心理相容、

① 秋瑾著;郭长海,郭君兮辑校.秋瑾诗文集[M].杭州:浙江古籍出版社,2013.

情感相通。通过青年志愿者等爱心奉献的志愿服务、公益活动，大学生更能增强社会责任意识、担当意识。在社会的大环境下，大学生更能深刻体会对其的期望，从而自觉培养社会公德、职业道德和个人美德，大力倡导"做老实事，说老实话，做老实人"的良好道德风尚，使大学生在思想意识深处真正认识到道德是做人的基准，生活的根本，一个道德沦丧的人必将会失去其立足的社会根基，一个道德缺失的国度，必将影响到经济社会的快速持续发展。

（三）改进德育课堂，发挥主渠道作用

课堂教育是道德教育的主渠道，是思想政治教育的主要阵地。而课堂教育以课程设置体现教育的宗旨，灌输教育内容，实现思想道德教育的目标。思想道德教育可以通过下列几类课程进行。

1. 专门设置的思想道德教育课程

美国、英国、法国、日本等国，许多大学设有专门的思想道德教育课，以美国为例，这类课程大约有四种类型：一是公民课。二是道德哲学课。三是职业道德课。这几类课程与学生的专业紧密联系，例如，医学院、法学院、商学院、管理学院都普遍开设了职业道德课，甚至一些工学院基于工程师要根据道德价值观进行工程决策，也普遍开设了工程伦理学等课程。四是学习西方著名思想家有关伦理道德的专著。例如，柏拉图的《理想国》被许多大学列为必修或选修著作。在亚洲，新加坡是以儒家经典如《中庸》《大学》《论语》等为选修和必修书目。

2. 综合教育课程中的道德教育

综合课程教育从多方面涉及道德教育，又具有综合的教育效果，一般都受到了各大学的重视。把思想品德课与人文选修课和专题讲座结合起来，使思想品德课的内容能够通过人文选修课和专题讲座得以充实，把那些现实生活中的鲜活的、生动的事例表达出来，增加其可听性和可感性，避免单调、枯燥。

3. 专业课程中的道德教育

专业课是大学生的主修科目，美国大学注意在专业教育中渗透道德教育，并且把道德知识的学习考核与道德行为表现考核结合起来。道德知识的学习如果不通过行为来表现，很难看出其效果，这就必须建立更有效的监控机制和激励机制，把学生的日常表现予以量化，使之成为该课程的重要部分，或衡量该课程的决定因素，从而促进学生知行合一。

借鉴西方国家的优良道德。由于历史的渊源和社会制度的差别，世界各国在道德教育的内容、方法、形式上都有着很大的不同，我们要学习西方文化中先进的优秀东西，比如，诚信教育、个性教育、责任感教育等，借鉴国外德育的成功经验，进一步加强和改进传统德育内容，以适应社会主义市场经济发展的需要。

总之，道德教育是一个极其错综复杂的过程，需要我们以高度的责任感和使命感，根据社会主义市场经济的特点和思想道德建设的规律，不断解决道德建设中的新问题，探索道德教育的新途径，提高大学生道德判断与实践能力，帮助大学生从道德困境中走出来。

第三节　大学生通识教育

一、通识教育的职业生存意义

（一）通识教育含义

所谓通识教育，英文为"general education"，源于亚里士多德提出的自由教育思想。目前所谓的"通识教育"，是大学教育中区别于"专业教育"的一个概念，最先是美国哈佛大学 1945 年发表的《自由社会中的通识教育》报告提出的。与专业教育主要关注学生某种专业知识的传授和职业能力训练的宗旨不同,通识教育注重更广泛、更深入的有关人文、社会和自然的基本知识的教育以及人类文化遗产的传播和对学生人格的教育作用。通识教育的目的在于训练学生的有效思维,提高学生表达思想、判断和鉴别价值等方面的能力,使学生的感情和理智都得到发展。通识教育对完善学生的智能结构、提高他们的审美情趣、加强他们的创造性和适应性、促进他们的和谐发展都有着重要意义。通识教育与专业教育都是为培养全面发展的人才服务的,二者相互促进、互为补充。有些学者将通识教育形容为五会,即学会做人、学会学习、学会做事、学会生活、学会发展。

(二)通识教育的时代意义

通识教育的目的是教会学生学习方法、思维方式,让学生学会怎么去自主学习,怎么进行独立思考,从而养成科学和文明精神,具备理性的力量,最终使学生能够摆脱监护而获取独立、自由的精神走向社会。通识教育对于培养全面发展的人和创新型人才都有十分重要的作用。通识教育的培养方式是让大学生在进入专业研究以前通过研读经典著作发展自己的思维能力、判断能力、批评能力、推理能力、评价能力,进而获得继续教育自己的习惯、观念及方法,从而成为一个"有教养的人"。在通识教育模式下,学生通过融会贯通的学习方式,综合、全面地了解人类知识的总体状况,理解不同学科之间的关联和融汇发展的可能,发掘终生学习的潜力。最后理性地选择或形成自己的专业方向,同时发展全面的人格素质,有更高眼光、更宽胸怀之认识,以提升人的生命价值及生活品质。罗索夫斯基就曾指出通识教育所蕴含的广、狭两层内涵。他认为通识教育是描述某些大学学院教育的一种方式。这个术语也可在狭义上表示除主修课或专修课以外的要求,目的在于确保知识的广度和平衡,使个人获得全面发展。

通识教育除了固有的意义外,还要使学生兼通"何以生""为何而生"两个领域，学生既要懂得他所处的外在世界之道，以求生存与发展，更要懂得他与整个人类的生存与发展的意义与目的，两者相通才能形成完整、完满的人格。而通识教育之"识"，不仅限于"知识"之识，除了理性知识以外，还包括人的情感、意志等在内，以此来理解通识教育，它就不仅着眼于知识的获得，还要着力于全面人格的培养。概括起来说，当代通识教育的目标是要使学生既具有改变外部世界之知能，还具有自我唤醒能力。在个体生命中达成"外在世界"与"内心世界"、物质生活与精神生活的和谐统一，在个体人格中达成理性与情感意志、科学与人文等方面素质的协调发展，以追求集真善美为一体的人格的形成。因此，加强大学中的通识教育，对提升大学生的就业能力和职业生涯规划都具有着重大的意义。

二、通识教育的现状

通识教育是一种全面提高学生素质的教育，它反映了现代教育的基本特点，符合现代教育的基本要求。近年来，"通识教育"无疑是我国高等教育界使用频率最高的词汇之一。但令人遗憾的是，通识教育在我国高校的推行并非一帆风顺，许多理论与实践上的问题仍然有待解决。

（一）对通识教育与专业教育的关系认识模糊不清

实施通识教育必然涉及认识和处理通识教育与专业教育的关系问题。目前，在这个问题上有以下几种代表性的观点：一是认为通识教育是专业教育的基础，即把通识教育看作专业教育的奠基工程。二是认为通识教育是对专业教育的补充，认为通识教育是为专业教育服务的，开设通识教育课程的目的是为了学生将来更好地从事专业工作。在大学里表现为学生以专业课程为主，在学习专业课程的同时适当学习一些通识教育的课程。三是认为通识教育是针对专业教育提出的，指的是"专业教育以外的知识与方法的教育"。他们认为，一个全面发展的人是通识教育与专业教育的组合体。四是认为通识教育既包括专业教育又包括非专业教育,而专业教育与非专业教育是以此种教育是否直接为学生将来的职业活动做准备而区别的。由上可见,人们对通识教育与专业教育关系的认识是较为模糊的,这种模糊认识使得人们在实践中摇摆不定,其后果是既实施不好通识教育又会妨碍专业教育的实施。

(二)通识教育课程设置不够合理

一些大学在实施通识教育时有一种认识,认为实施通识教育就是要多开设通识教育的课程。于是,一段时间以来,高校的课程越开越多。其实,在课程科目的设计上,师生在认识上的差异较大,有些教师认为重要的科目,学生认为不重要,反之亦然。课程设置基本上是从学校和教师的角度出发,较少考虑学生的实际期望。这样,学生难免对有些课程不感兴趣,也难免有价值不高的课程混于其中。而在课程评价上,有的学校往往只从选修该课人数的多少及学生最后考试的分数高低来评价课程效果的好坏。这样,有的教授价值不大的课程的教师为了保住自己的课程便在教学中迎合学生,对学生要求不严,于是选修该课的学生甚众,殊不知绝大多数是为了捞取廉价学分。在这种情况下,很难对课程优劣做出评价,不利于课程的改进和提高。对一些大学的通识教育课程的调查发现,高校的通识教育课程不同程度地存在一些问题,如选修课的种类不合理,课程内容过于偏向应用型和专业化,课程领域的划分普遍缺乏明确标准等。以上情况基本反映了我国高校实施通识教育课程的现状。

(三)通识教育师资队伍总体水平不高

由于科学管理理论在高校学术管理中的渗透,迫使教师重研究轻教学,而学校对教师的评价也往往以科研成果为主。显然,与专业课相比,通识课程常与研究的关系不大,加上通识教育的效益是长期的,短期内很难见到成效,因此通识教育课程在高校得不到应有的重视,教师的工作也难以得到合理的评价,致使教师参与的积极性不高。于是,许多高水平的教师都愿承担与科研关系更紧密的专业课的教学,致使在高校专职从事通识教育课程讲授的教师大都学历不高,甚至有些教师缺乏必要的敬业精神。如此一来,就使得讲授通识教育课的教师总体素质不高。

(四)学生思想上重视不够且学习意愿不强

产生这一问题的原因很多。首先,中学时期没有良好通识知识准备的学生觉得它有些陌生,如文科学生难以接受理科的通识课程。其次,功利思想严重的学生觉得它无用。他们认为,通识课程学得好坏无关紧要,因为在毕业时用人单位选材的标准往往是"专业素质",用人单位强调的是"专业对口",重视人才的实用性。在人才市场的激烈竞争中,对学校提倡"通才教育"和用人单位要求"专才教育"这一矛盾,学生们通常会选择后者。

(五)缺少专门的通识教育管理机构

在我国的高校中,通识教育的实施主要表现为开设一些通识教育的课程和倡导将通识教育的思想渗透到课程中去,具体由各院系来组织。但各院系原本各自独立不相往来,加上没有专门实施通识教育的机构来组织和协调,缺乏专门的经费支持和保障,使得高校中的通识教育陷入"说起来重要,做起来不要"的窘境。如此发展,通识教育不可能作为一个独立领域在高校生存,文史与理工不能很好地交融,于是在经历了一场轰轰烈烈的通识教育运动后,不少高校又恢复了往日专业教育的宁静。

三、加强大学生通识教育的对策与建议

(一)整合通识教育的基本原则

1.指导自由选择原则

这一原则是指:大学应保障学生选择专业和课程的自由,同时,大学又应

积极指导学生的自由选择。广泛开设各种选修课程,目前已成为世界高校课程改革的普遍趋势,这是使大学生获得多方面知识的保证。选修课的设置使高校的教学工作灵活多样。对学生来说,他可以根据自己的水平和兴趣选学适合自己需要的课程,增强对学习的兴趣和信心,发挥个人的特长和才能,当然也扩大了知识面。对学校来说,可以发挥教师的积极性和特长,也可以尽快地把科技和生产中的发明创造反映到教学内容中去。增加选修课比例有利于打破专业的限制,为学生辅修第二专业或转换专业提供便利,也有利于各高校根据学生需要和社会需要灵活设置专业,从而有利于学生全面自由地发展和就业。但在增加选课的自由度的同时,还须加强对学生的指导。从各校开设通识教育课程的经验而言,如果完全实行自由选修制,在缺乏指导的情况下,学生往往容易受功利主义的影响。课程的设置、通识教育课程与专业教育课程的比例、必修课与选修课的比例等问题都需要进行认真科学的研究和论证。为避免自由选修制所造成的课程过度专门化和课程缺乏系统性的状态,开设一定的共同必修或核心通识教育课程是可行而有效的措施,它有利于学生接受更广泛的教育,并建构合理的知识体系。

2.综合性原则

整合通识教育与专业教育最基本的要求就是要体现综合性。我国高校应改变过去专业界限森严,各专业、各门课程之间互相割裂、自成体系的局面。增强综合性应从以下方面入手。

第一,自然科学、人文科学、社会科学应渗透交融,使文科学生了解一定的科学史知识和科学方法,体验科学的神奇;理工科学生加强人文训练,感受人文的熏陶,追寻人生的意义。

第二,根据学生的能力和水平,统筹考虑和安排各门学科的课程,注意年级之间、课程之间的衔接。

第三,突破学科之间的界限,加强各学科间的横向联系,开设跨学科课程。为了适应科学技术的迅猛发展和知识经济时代对人才的要求，我国高等教育的课程设置应以人的全面、充分而自由地发展为本位，体现综合性。在课程中既重知识逻辑结构又重知识发展的历史过程，既重知识纵向更新又重知识之间的融合和应用，既关注学生知识的获得，又要关注学生实践能力、创新能力的培养以及健全人格的养成，促进学生综合素质的全面提高。

3.层次性原则

专业教育应遵守由基础到专深的循序渐进规律，通识教育也有层次性，教育应由浅入深，将课程有机联系起来，形成完整的课程体系。南京大学龚放教授认为现代大学的通识教育有三个层次。第一，补缺、纠偏，摆脱狭隘与浅薄。我国中学阶段过早的文、理分科，造成了青少年知识结构的明显缺陷。进入大学后，划分过细过窄的学科、专业，加上功利色彩过于强烈的学习态度，愈加强化了大学生知识掌握的缺陷。因此，大学通识教育第一层次的使命就是要治疗当前教育所造成的"营养不良"和文理失衡。第二，整合、贯通，由知识的统摄渐臻智慧的领悟。此层次的通识教育应当在掌握较多知识的基础上，实行科际的整合，使自然科学与人文科学之间，抽象思维与形象思维之间实现对话、相通和交融。大学通识教育必须防止"杂、散、乱"的倾向，不能仅仅"填鸭式"地灌输各种知识。必须注重心智的训练，培养学生洞察、剖析、选择、整合和迁移的能力。第三，超越功利、超越"小我"，弘扬新的人文精神。由追求整合的知识到促进身心全面发展，由智慧地领悟到价值澄清和人格养成，这是现代大学通识教育的"第三境界"，也是教育的终极目标。通识教育的三层次是紧密联系、逐渐提升的，它与专业教育也是密切相关的。在设置课程时必须通过深入的研究和广泛听取专家的意见，处理好通识课程之间、专业课程之间以及通识课程与专业课程之间的关系，厘清各类课程逻辑、历史、认识的顺序，构建层次分明、有序完整的课程网络系统，以利于学生身心全面和谐地发展。

4.个性原则

不同类型的学校,不同类型的专业,课程设置都需要适合自己特点和实际情况,不可能所有专业都按照一个模式来组合人文、自然及社会课程。学校、专业、学生三方面的个性特点,均是我们在设计课程体系时应认真研究的问题,也只有突出个性的课程设计才是真正有价值的设计。离开了个性发展,全面发展是不可能实现的。唯有个性得到充分发展才能实现个人以及人类的全面发展。正因为如此,大学的课程设计还须顾及学生的需要、志趣、才能、爱好等个性特点,最好的方法便是给学生自主选择的权利,让学生有专业选择权、课程选择权、活动选择权和教师选择权,这样才能让他们的潜能充分发挥出来,个性才能自由生长。

(二)探索整合通识教育的有效机制

1.淡化专业,强化课程

建立整合课程机制的基础性工作是淡化专业,强化课程。淡化专业,一是淡化教学主管机构对专业的控制,把专业的改造权与设置权下放给高等学校。二是淡化专业对教育者、教育对象和教学活动及过程的束缚,把专业的规格性作用限定在最基本的、具有一定模糊性的层次上。三是淡化专业界限,拓宽专业口径,设置真正的大专业。强化课程是指:强化教育者对于课程的主体地位,保证他们在完成既定教学工作之外,根据自己的特长开设新课程和根据大纲选择教学内容、教学方法和教学形式;强化教育对象对于课程的选择自由;强化课程的目标管理。淡化专业与强化课程机制,有利于打破人为设定的专业界限,扩大学生的自主选择权利;也有利于学生依据自身水平、特长确定课程计划,学生可以跨专业、跨院系选课,使学生能拓宽视野,增强适应性。由于专业仅是课程的组织形式,大学生在低年级学习通识课程时不必确定自己的专业,有利于减少学习的功利性,增加学生的主动性。高年级时进行专业分流培养，同时，每个专业都可方便地组织数目较少的课程，形成供学生选修的辅修专业方向，以培养知识复合型人才。

2. 加强基础，拓宽口径

围绕大学四年能不能真正培养出"高级专门人才"的问题，我国教育界曾有过争议，但现在大多认为大学本科阶段只能打造专门人才的基础，要真正成为专门人才必须经过一段时间工作岗位的锻炼。为了学生今后的可持续发展，大学应加强基础，即加强基础知识、基础理论和基本技能的训练。何况，由于我国已进入高等教育大众化的时期，越来越多的青年学生得以进入高等学校接受教育，他们中的一部分中学阶段基础打得并不扎实，过早进行专深的专业教育还有困难，因此更需要加强基础教育。由于以往我国专业设置强调对口，一是把专业与学科直接对应；二是把专业与社会上的职业直接对应，似乎大学应当为每一种职业提供一种"对口"的专业，导致专业越分越细，越划越多，到 20 世纪 80 年代总专业数曾达到 1343 种。由于知识技术更新速度的加快，职业的更替也在加速，大学一方面不太可能一应俱全地直接为社会的每一种职业设置一种专业，职业的多样性和多变性使得大学无法这样做。另一方面那种简单的对应设置，使得学生也难以适应未来的多变性，一旦他学的专业所对应的职业消失，他将面临困境。因此，拓宽专业口径成为当前教育改革的一项重要内容。从通识教育的角度而言，拓宽专业口径，有利于学生在更广的范围内选择课程，使学生有更合理的知识结构，提高学生知识的综合性，更有利于他们成为复合型人才，并在认知与情意方面都得到较好发展。

3. 减少必修课，增加选修课

贯彻指导自主选择原则，在课程设置时必须增加选修课比例，相应减少必修课比例。许多国外著名高校在设置课程时一般遵循两条基本原则：一是对大学的课程设置标准宜粗不宜细；二是以定性为主。这样各院系、专业在编制教学计划时能更富有弹性和个性,给学生选择的空间也更广阔。有的大学自由度更大,不仅可以跨专业选课,甚至可以跨院系、跨学校选课,另外还允许选学纵向课程,打破学年限制。这样学有余力的学生可以辅修第二专业,或争取双学位,也可以提前毕业。从拓宽专业口径的角度考虑,需要增加选修课。因为必修课过多,学生大部分时间、精力限制在一定范围内,便不能再有条件拓宽专业口径。从通识教育的要求而言,涉及的范围很广,学生全面发展的目标也包含方方面面,要针对学生的兴趣、需要、现有水平等因素实施,最好的办法也是由学生自主选择课程。但是由于学生对知识体系缺乏全面的了解,对一些基础课程的重要性认识不够,加之功利思想的影响,完全自主选修课程会造成一定的盲目性和功利性,也容易造成学生知识结构上的混乱。因此,由重要的通识教育基础课程、专业基础课程以及专业主干课程所构成的核心课程则应采用必修课的形式。

4. 注重融合,提倡开放

进入21世纪,科学技术发展表现为:发展速度呈加快的趋势,既高度分化又高度综合,而又以高度综合为主;科学技术转化为生产力的速度越来越快。这些特征反映到高等教育上,要求我们加强相关课程的融合,为学生开设跨学科课程,培养学生运用多学科知识解决复杂社会问题的能力。科技的发展还要求高等教育具有信息社会所要求的开放性,高校的专业课程和通识课程应反映社会需要和学生需要的变化,不断拓展社会功能。课程应对生动活泼的外部世界开放,并从现实世界中获得发展的动力和材料。针对现实世界中和未来社会可能面临的问题设计课程,使各专业的课程在各专业之间相互开放,相互融合,实现文、理、工科课程的相互渗透,使学生不仅具有"做事"的本领,更具有"做人"的修养,从而既满足社会对人才的需要,又符合个人全面、自由、和谐发展的要求。

第六章　大学生创新创业教育

创新创业密不可分,人们的创业活动离不开创新,创新是社会进步的灵魂;创业是创新的表现形式和载体,是推动经济社会发展、改善民生的重要途径。创新创业教育是当今高等教育现代化的发展方向,通过创新创业教育可以推动教育的革新,明确大学生创业意向,助推专业知识转化成创业成果,促进大学生的全面发展和社会进步。

第一节　创新与创新精神

一、创新的科学内涵

创新是人类为了满足自身需要,以新思维、新发明和新描述为特征,不断拓展对客观世界的认识能力和实践能力的活动,是人类主观能动性的高级表现形式。在西方,英语中 innovation(创新)这个词起源于拉丁语,它原有 3 层含义:第一是更新,就是对原有的东西进行替换。第二是创造新的东西,就是创造出原来没有的东西。第三是改变,就是对原有的东西进行发展和改造。在汉语中,创新一词也出现得很早,有"革弊创新""创新改旧"等说法。《现代汉语词典》① 中对创新的解释是:抛开旧的,创造新的;创造性;新意等。

美籍奥地利经济学家熊彼特较早地给创新以系统定义。1912 年,熊彼特在其著作《经济发展理论》中提出创新理论。他指出,"创新是指企业家对生

---

① 中国社会科学院语言研究所词典编辑室.现代汉语词典[M].北京:商务印书馆,1989.

产要素进行新的组合"①,从而获得超额利润的过程。这种新的组合包含了 5 种情况:一是引入一种新产品或提供一种新的产品质量。二是采用一种新的方法。三是开辟一个新的市场。四是获得一种原料或半成品的新的供给来源。五是实行一种新的企业组织形式。在熊彼特创新概念的基础上,人们进一步提出技术创新、产品创新、过程创新、制度创新、体制创新等一系列概念,并将微观领域的创新活动上升到国家宏观层面,提出国家创新体系等概念。

虽然学术界对"创新"尚未有统一定义,但是从一般的意义上来看,我们认为,创新是指打破已有的思维模式或常规的思路和见解,利用有限的资源在特定的环境下改进或创造新的事物,探索新的方法和路径,并取得一定效果的行为和过程。具体来讲,可从以下几方面进行理解。

(1)创新是获取收益中的一个阶段。在这个阶段,需要突破常规,打破传统,产生新设想和新概念,并将其发展到实际应用的阶段。

(2)创新是创造和引进某种有用新事物的过程。在这个过程中,从发现潜在的需求开始,运用知识或相关信息进行创造,并经历事物的可行性检验,直至新事物的广泛应用为止。

(3)创新具有解决问题的作用。创新可以在解决经济问题、社会问题和技术问题等范围内发挥广泛的作用,它是每个人都可以参与的事业。

(4)创新以取得的成果和成效为评价尺度。任何创新活动的目的都是取得一定的成果并推广应用,根据成果和成效可以分为小级别创新、突破性创新和里程碑式创新。

---

① 约瑟夫·熊彼特.经济发展理论[M].郭武军,吕阳,译.北京:华夏出版社,2015.

二、创新的特点和类型

（一）创新的特点

从创新的定义和含义可以看出，创新是对于重复、简单的劳动方式的否定，是对原有事物进行根本性变革或综合性改造，它具有以下几方面的特点。

1. 目标性

创新的目标就是通过创新活动，在一定时期内预期所要达到的结果。不同的创新活动具有不同的目标，企业创新活动的目标是提高核心竞争力，从而赢得市场。

2. 变革性

创新是对原有事物的改革和革新，是一种深刻的变革。只要变革的方向正确，目标明确，就可以打破已有限制，获得更大的生存空间。

3. 新颖性

创新的新颖性是指创造者对现有的不合理事物进行扬弃，革除过时的内容，创造出前所未有的东西。

4. 前瞻性

由于创新就是相对于他人的首创行为，因此创新往往超前于社会认识，能把握到未来事物的发展方向。

5. 价值性

价值性不是单纯提高产品的技术竞争力，而是通过为顾客创造更多的价值来争取顾客，赢得企业的成功，由此开辟一个全新的、非竞争性的市场空间。

（二）创新的类型

1. 产品创新

产品创新就是研究开发和生产出更好的、用以满足顾客需求的产品，使其性能更好，外观更美，使用更便捷、更安全，总费用更低，更符合环境保护的要求。因为产品是满足社会需要、参与竞争、体现企业价值的东西，因而这是企业创新的主要任务。产品创新可在 3 个层面上实现：开发出具有新功能的产品，如 3D 打印产品；产品结构方面的改进；产品外观方面的改进。

2. 技术创新

技术创新是指采用新的生产方法或新的原料生产产品，以达到保证质量、降低成本、保护环境或使生产过程更加安全和省力的目的。技术创新可在 4 个层面上实现。

（1）工艺路线的革新，这是生产方式思路的改变。例如，用精密铸造、精密锻造、冶金代替金属切削生产复杂的机械零件，可大大缩短生产周期，降低成本。

（2）材料替代和重组。例如，前几年，美国农产品过剩，农场主负债累累，政府补贴农业财政负担沉重。堪萨斯、卡罗来纳等农业州的农民与大学合作，从环保角度出发，以农产品做原料生产工业产品，比如，用玉米生产一次性水杯、餐具和包装盒；从玉米中提取燃烧用的乙醇；从大豆中提取润滑油替代石油产品等，受到市场欢迎，政府同时给予减税和强制推行等政策支持。

（3）工艺装备的革新。例如，用电脑绣花机代替手工绣花；用数控机床代替手动操作机床等。

（4）操作方法的革新。用更省力、更高效的操作方法代替过去的一些传统的、不适应现代技术进步的操作方法。

3. 制度创新

制度创新是从社会经济角度来分析企业系统中各成员间正式关系的调整和变革。制度是组织运行方式的原则规定。企业制度主要包括产权制度、经营制度和管理制度等 3 方面的内容。

4. 其他方面的创新

其他方面的创新包括商业模式创新、结构创新、环境创新、市场创新等。

三、创新的原则和阶段

（一）创新的原则

1. 科学性原则

创新必须遵循科学技术原理，不得有违科学发展规律。因为任何违背科学技术原理的创新都是不能获得成功的。

2. 市场性原则

创新设想要获得最后的成果，必须经受走向市场的严峻考验。爱迪生曾说："我不打算发明任何卖不出去的东西，因为不能卖出去的东西都没有达到成功的顶点。能销售出去就证明了它的实用性，而实用性就是成功。"[①]创新设想经受市场考验，实现商品化、市场化要按市场评价的原则来分析。其评价通常是从市场寿命观、市场定位观、市场特色观、市场容量观、市场价格观和市场风险观等 6 方面入手，考察创新对象的商品化和市场化的发展前景。而最基本的要点则是考察该创新的使用价值是否大于它的销售价格，也就是要看它的性能是否优良、价格是否合适。

3. 择优性原则

创新产物不可能是十全十美的。在创新过程中利用创造原理和方法获得

---

① 皮波人物国际名人研究中心.爱迪生［M］.北京：国际文化出版公司，2019.

许多创新设想，它们各有千秋。这时就需要人们按相对较优的原则，从创新技术先进性、创新经济合理性、创新整体效果性等方面对设想进行判断选择。

4. 简洁性原则

在现有的科学水平和技术条件下，如不限制实现创新方式和手段的复杂性，所付出的代价可能远远超出合理程度，使得创新的设想或结果毫无使用价值。在科技竞争日趋激烈的今天，结构复杂、功能冗余、使用烦琐已成为技术不成熟的标志。因此，在创新过程中要始终贯彻简洁性的原则。

（二）创新的阶段

英国心理学家沃勒斯提出了创新的"四阶段理论"，该理论认为创新过程应包括准备期、酝酿期、顿悟期和检验期等阶段。

1. 准备期

这是创新过程的基础阶段。这一阶段的特点主要是在积累知识的过程中检查和厘清问题，确定创造的方向和目标。在这个阶段，提出问题、收集资料和提出假设是最为重要的步骤。

（1）提出问题。创新者能明确地提出问题就等于问题已经解决了一半。为了能正确地提出问题，首先必须了解引起问题所依据的重要事实，以及在解决问题时已具备的前提条件，如理论水平和研究积累的科学事实等。

（2）收集资料。在这一阶段，必须着手挖掘一切行之有效的方法，即尽可能地围绕问题收集资料、形成概念、储存经验，以便为进行创新活动奠定良好的基础。资料若缺乏客观的依据，创新就如同失去了根基，便会成为空中楼阁。

（3）提出假设。创新都是以假设为前提的，只有进行可行性的假设，才能从不同的事物中发现共同的东西，从未知的事物中找出已知的东西，从已知的事物中预测未知的东西。有假设，特别是想象假设，才能发现自然界和社会生活中的新规律，从而成为新事物的发明者和创新者。

2. 酝酿期

这是创新过程的运作阶段。酝酿阶段是对各种材料进行深入细致的分析、消化、吸收,并提出问题和解决方案的过程。这一过程是创造性思维过程中最为艰难的阶段,也是智力和意志活动需要付出最大努力的阶段。

为了把自己调整到创新的状态上来,创新者必须从熟悉的思考模式以及对某事的固定成见中摆脱出来,打破看问题的习惯方式。为了避免被习惯的"智慧"束缚,你可以用以下几种技巧来进行酝酿:

(1)群策攻关法。群策攻关法是艾利克斯·奥斯伯恩于 1963 年提出的一种方法,它建立在与他人一起工作从而产生独特的思想,并创新地解决问题的基础上。创新攻关期间,一般是几组人在一起工作,在特定的时间内大家提出了尽可能多的设想,但并不对它们进行判断和评价。因为这样做会抑制思想自由地流动,阻碍人们提出建议。批判的评价可推迟到后一个阶段。

(2)创造"大脑图"。"大脑图"是一个具有多种用途的工具,它既可用来提出疑点,也可用来表示不同观点之间的多种联系。在一张纸的中间写下主要的专题,然后记录所有能够与这个专题有联系的观点,并用线把它们连起来;让大脑自由地运转,跟着它去建立联系的活动。通过尽可能快地工作,让其自然地呈现出结构,反映出大脑自然地建立联系和组织信息的方式;在新的信息和不断加深理解的基础上修改结构或组织。

(3)做好梦境记录。为了抓住所做的梦,不妨经常在梦醒时分,把所能回忆起来的梦的情景记下来,通过梦境中的内容寻找创新的元素。

3. 顿悟期

这是创新过程的收获阶段,常常被称为"直觉的跃进""思想上的光芒",顿悟是与直觉和灵感具有一定联系的思维现象。进入这一阶段,问题的解决一下子变得豁然开朗,思维范围扩大,以往百思不得其解的难题,瞬间得到破解。必须指出,顿悟前灵感绝不是什么神秘的东西,也不是无法说清的东西。

它同前面的准备和酝酿是分不开的。顿悟如果离开人们长时间的实践，离开高度集中化与紧张化的思考是不可能产生的，它是一个人长期实践、长期思考、艰苦劳动的产物。

4.检验期

这是创新过程的反思阶段。只有通过验证，才有可能证实创造成果的价值。虽然开朗阶段之后，创造性思维已经获得了初步的思维成果，提出了一定的假设和解决问题的方案。但是，通过灵感获得的结果也未必合理，所以还要通过严密的逻辑推理，或是实验操作对这一结果的合理性进行检验。在验证过程中，可以发现原有设想的不足和缺点，可以对其进行修正、补充，使其逐步完善。也可能这一假设经受不住考验被全盘否定，但是这一过程对材料进行了深入细致的分析与思考，为新思路的提出奠定了坚实的基础。

四、创新意识及培养

（一）创新意识

创新意识是指人们根据社会和个体生活发展的需要，引起创造前所未有的事物或观念的动机，并在创造活动中表现出的意向、愿望和设想。它是人类意识活动中的一种积极的、富有成果的表现形式，是人们进行创造活动的出发点和内在动力，是创造性思维和创造力的前提。

创新意识包括创造动机、创造兴趣、创造情感和创造意志。创造动机是创造活动的动力因素，它能推动和激励人们发动和维持进行创造性的活动。创造兴趣能促进创造活动的成功，是促使人们积极探求新奇事物的心理倾向。创造情感是引起、推进乃至完成创造的心理因素，只有具有正确的创造情感才能使创造成功。创造意志是在创造中克服困难，冲破阻碍的心理因素，创造意志具有目的性、顽强性和自制性。

（二）大学生创新意识的培养

创新是一个民族进步的灵魂，是一个国家兴旺发达的不竭动力。创新意识和创新思维是创新教育的核心。培养学生的创新能力必须培养学生的创新意识。21世纪是知识经济时代，知识经济的本质就是创新，培养创新意识是对新时代大学生提出的基本要求，也是大学生必备的素质。

1. 破除创新思维枷锁

影响大学生进行创新思维的枷锁大致有如下5种：从众型思维枷锁、权威型思维枷锁、经验型思维枷锁、书本型思维枷锁、自我贬低型思维枷锁。对于大学生来说，思维的枷锁就像一座监狱，只有将守旧观念丢掉，勇于冲破思维藩篱，才能走进创新的世界。

2. 充分激发创新思维潜能

精通所学，兴趣广泛。创新绝不是无本之木、无源之水，唯有打牢知识的基础，创新才有可能。因此，大学生应精通所学课程，并培养广泛的阅读兴趣。

处处留心皆学问。学习绝不仅限于课堂和读书，事实上，学习无处不在。与他人交流是学习，上网是学习，看电视也是学习，其关键在于我们是不是用心。例如，看古装电视剧时我们可以了解一些历史知识，如古人的习俗、衣着、饮食习惯、家具陈设以及计谋等；看现代电视剧时可以了解当代年轻人的所思所想所为等。

理论与实践相结合。读万卷书，行万里路，唯有理论与实践相结合，理论才有意义。大学生应活读书、读活书，而不应死读书、读死书。只有精通理论，才可能去改进实践，只有拥有丰富的实践经验才可能产生新的理论。

打破砂锅问到底。大学生要培养自己的创新意识，应富有怀疑精神，探究各种事物的本源及其实质。

投身社会实践。"实践是检验真理的唯一标准"，要开发大学生的创新意识,培养大学生的创新能力,必须让大学生投身于社会实践中。只有在实践中才能找出想与做的差距,创新理念才能变为现实,创新意识、创新能力才能得到真正的发展。

第二节　创业与创业精神

一、创业的科学内涵

人们对"创业"一般有着较宽泛的解读,"创",即开始、创造、开创、设立之意;《现代汉语词典》①对于"业"的解释是指学业、事业、功业、家业、产业、职业、行业等。在英文中"创业"有两种表述方式:一是"venture",二是"entrepreneurship"。莫里斯(Morris,1998)从最流行的创业观点中总结出创业的7种本质,从创业的"创造"功能角度来诠释创业。

综合以上对于创业的理解,我们认为,创业是指发现市场商业机会,将拥有的资源进行整合,通过创建企业或企业组织结构创新,将商业机会转化为盈利模式,从而创造出更多财富和价值的过程。创业有广义和狭义之分,广义的创业是指创业者的各项创业实践活动,狭义的创业是指创业者的生产经营活动,主要是开创个体和家庭的小企业。

从以上关于创业的定义可以看出创业有以下几方面的含义。

(1)创业的潜在价值需要通过市场来体现,即市场是实现财富的渠道。

(2)创业的本质在于对商业价值的发掘与利用,即要创造或认识到事物的一个商业用途。

(3)创业的目的是创造财富、实现人生价值。创业者进入市场、创建实业,

① 中国社会科学院语言研究所词典编辑室.现代汉语词典[M].北京:商务印书馆,1989.

是生活态度和生活方式的巨大转折，是为自己创建一个发挥才华、施展抱负、奉献社会、实现人生价值、报效国家的舞台。

二、创业的特点和类型

（一）创业的特点

1. 创业是主动进行的创造活动

知识经济的不断发展，对人们的素质提出新要求。在此背景下，人们会主动去开拓一种新的生存理念和生存模式，来改变人们原有的生活方式，提高人们的生存能力。

2. 创业是创造价值的过程

创业是对社会资源的重新组合、配置和利用，创造更多价值、新事物的过程。

3. 创业带有一定的风险

创业环境的不确定性，创业机会与创业企业的复杂性，创业者、创业团队与创业投资者的能力与实力的有限性，都会给创业带来一定的风险，导致创业的失败。

（二）大学生创业的特点

1. 大学生创业具有激情性

刚进入社会的大学生年轻有活力，勇于拼搏，无太重负担，具有较强的社会适应能力；自信心较强，对自己认准的事物会有激情去体验。

2. 大学生创业具有知识性

大学生通过在学校的专业学习，掌握了一定的专业技能及专业知识作为创业的基础。

3. 大学生创业具有创新性

大学生思维活跃,接受新事物较快,创意新、点子多。

4. 大学生创业经验缺乏

大学生意气风发,对创业满怀希望,但难免经验不足,缺乏对市场的了解,对风险和困难的抵抗力较为薄弱。

(三)创业的类型

创业类型的划分有许多方式,比较常见的是按照创业的动机、创业的起点、创业项目类型、创业方向或风险,以及创新内容进行划分。

1. 按创业动机分

创业可分为机会型创业与就业型创业。机会型创业是指创业的出发点并非谋生,而是为了抓住、利用市场机遇。就业型创业是指创业者为了谋生而自觉或被迫地走上创业之路。

2. 按创业起点分

创业可以分为创建新企业和企业内创业。创建新企业是指创业者个人或团队从无到有地创建出全新的企业组织。这个创业过程充满挑战和刺激,个人的想象力、创造力可得到最大限度的发挥,但风险和难度也很大,创业者往往缺乏足够的资源、经验和支持;企业内创业是指在现有企业内的有目的的创新过程。

3. 按创业项目类型分

创业可分为传统技能型创业、高新技术型创业和知识服务型创业。传统技能型创业是指使用传统技术、工艺的创业项目;高新技术型创业是指知识密集度高,带有前沿性、研究开发性质的新技术、新产品项目;知识服务型创业是指为人们提供知识、信息的项目。

4. 按创业方向或风险分

创业可分为依附型创业、尾随型创业、独创型创业和对抗型创业。依附型创业是指依附于大企业或产业链而生存，为大企业提供配套服务，或者使用特许经营权；尾随型创业是指模仿他人创业，"学着别人做"；独创型创业是指提供的产品或服务能够填补市场空白；对抗型创业是指进入其他企业已形成垄断地位的某个市场，与之对抗较量。

5. 按创新内容分

创业可分为基于产品创新的创业、基于营销模式创新的创业和基于组织管理体系创新的创业。基于产品创新的创业是指基于技术创新或工艺创新等产生了新的消费群体，从而导致创业行为的发生；基于营销模式创新的创业是指采取有别于其他厂商的市场营销模式，因而有可能给消费者带来更高的满意度；基于组织管理体系创新的创业是指采取有别于其他厂商的企业组织管理体系，因而能够更高效地实现产品的商业化和产业化。

三、创业的原则和过程

（一）创业的原则

1. 适应性原则

创业初期，不适宜选择不切合实际的大型项目，要选择感兴趣、熟悉的项目。至少在做之前已经跟别人学习过，或者做过一段时间的调研分析，对项目有一个清晰的认知，尤其是对风险有认知。

2. 市场性原则

对于初创者来说，创意很重要。但是，产品的市场和销售往往比创意更重要。往往有很多创业者认为自己发现了一种新的商业模式，但实际操作中会发现行不通。没有销售渠道，再好的创意也没法变现。所以，在创业的初始阶段，相对于好的创意，怎样把你的产品或服务卖出去更为重要。

3. 资金可控性原则

现金流是一个项目的血液,能够给自己和团队持续发展的激情,无论现金流是来自真实的收入还是投资,都要尽早实现现金流入,避免创业过程中由于现金流中断而带来的亏损问题。同时,要有止损底线,要敢于下决心喊停。

4. 实践性原则

创业者一定要对自己的事业有掌控力,但凡能做出一番成绩的创业者,初期一定是亲力亲为的舵手,不仅把握方向,还要渗透到项目细节、客户维系和具体运营之中。马云、马化腾、乔布斯等在创业初期,也都是各自企业的产品经理和业务经理,只是到后来才慢慢地去主抓大方向和定战略。

5. 目标性原则

创业初期,目标一定要简单清晰,要了解目标聚集战略,将资源、资金和人力、精力集中于某一项主业上,避免"系统化""整合"等多元化的发展战略和目标。

(二)创业的过程

创业过程包括从产生创业想法到创建新企业并获取回报的整个过程,通常可分为以下几个主要环节。

1. 产生创业动机

创业动机是创业的原动力,它推动创业者去发现和识别市场机会。创业活动的主体是创业者,创业活动首先取决于个人是否希望成为创业者。创业动机不仅是打算创业的一时冲动,更是对创业目标与预期收益的深思熟虑。

2. 识别创业机会

识别创业机会是对可能成为创业机会的诸事件的分析和对创业预期结果的判断。创业机会一般分为两种:一种是意外发现的,另一种是经过深思熟虑才发现的。国家产业政策的调整、新技术的出现、人口和家庭结构的变化、人们的物质和精神需求的变化、流行时尚等都可能形成创业机会。创业者应该具有敏锐的嗅觉,能够及时、准确地识别创业机会,将知识、经验、技能和其他市场所需的资源进行整合。

3.整合有效资源

资源是创业的基础性条件,整合资源是创业者开发机会的重要手段。强调整合资源,是因为创业者可以直接控制的可用资源往往很少,许多成功的创业者都有白手起家的经历。创业者需要整合的资源包括基本信息(有关市场、环境和法律问题)、人力资源(合作者、最初的雇员)、财务资源等。

4.创建新企业

创建新企业需要进行大量的准备工作,其中创业计划、创业融资和注册登记尤为关键。创意能否变成行动,关键看其能否形成一个周密的创业计划;资金往往成为创业企业发展的"瓶颈",创业融资在企业的创建过程中至关重要;当创业者完成创业计划并获得融资之后就可以按照法定程序进行注册登记,包括确定企业的组织形式、设计企业名称、向工商行政管理机关提出企业登记注册申请、领取营业执照等。

5.实现价值

创业者整合资源、创建新企业的目的是实现价值,并通过实现价值来实现创业目标。

6.获得创业回报

创业回报是创业活动的目的,有助于强化创业者对事业的执着。

四、创业精神

(一)创业精神的内涵

哈佛大学商学院对创业精神的定义是:"创业精神就是突破现有资源限

制而追求商机的精神。"[①] 从这个角度来讲创业精神是突破资源限制,捕捉和利用机会,敢于承受必需的风险,为创造新的某种价值努力发挥创造力,实现创新的一种心理过程。

1. 创业精神的灵魂是创新

创业精神蕴含着创新,正如德鲁克所说:"创业精神是一个创新过程,在这个过程中,新产品或服务机会被确认、被创造,最后被开发出来产品并创造新的财富。"[②] 缺乏创新,就不会有新企业的诞生和小企业的成长壮大。

2. 创业精神的天性是冒险

没有甘冒风险和勇担风险的勇气,就不能成为创业者。中外无数创业者虽然成长环境、成长背景和创业机缘各不相同,但无一例外都是在条件极不成熟和外部环境极不明朗的情况下,敢为人先,勇于做"第一个吃螃蟹的人"。

3. 创业精神的精髓是合作

在当今社会,行业分工越来越细,没有谁能一个人完成创业所需要完成的所有事情。真正的创业者都是善于合作的,而且还能将这种合作精神扩展到企业的每个员工。面临困境时,团队成员能团结一心,"心往一处想,劲往一处使"。

4. 创业精神的本色是执着

创业的道路是坎坷的,选择了创业就是选择了面对更多困难、迎接更多挑战,而创业精神就体现在战胜困难与挑战的过程中。因此,创业者必须坚持不懈。只有知难而进在战胜困难中学会成长,才能抓住真正的成功机会。

(二)大学生创业精神的培养

1. 树立"广谱式"创业精神培育观

2015 年 5 月,国务院颁布实施《关于深化高等学校创新创业教育改革的

---

① 彭征,姚勇.史玉柱精彩语录[M].北京:中国纺织出版社,2009.
② 彼得·德鲁克.21 世纪的管理挑战[M].北京:机械工业出版社,2020.

实施意见》(以下简称《意见》),明确指出创新创业教育"面向全体、分类施教、结合专业、强化实践"的基本原则,并明确了"普及创新创业教育"的总体目标。因此,要从学生做起,广泛而持久地开展创新创业教育。

2.培养全面发展的能力

第一,要培养自己的创新思维能力,善于在已有经验的基础上发现新事物、创造新办法,从而解决新问题。第二,大学生要勇敢面对挫折,具有坚定的创业意志品质。第三,大学生要培养吃苦耐劳的精神。吃苦耐劳的精神是指一个人面对困难并克服困难的过程中,磨炼出的一种比较坚定的、持续的意志品质和顽强的精神。大学生在平时生活中,必须抵制奢侈浪费、见利忘义、拜金主义、过度追求物质享受等不良社会思潮的渗透与蔓延,消除其带来的不利影响。第四,大学生要培养危机意识。当今市场竞争越来越激烈,如果缺乏危机意识,离成功的机会也越来越远。大学生可以通过创业竞赛、创业实践来培养自己的危机意识。第五,大学生要不断充实创业知识。创业精神为创业提供精神、思想上的支持,而创业知识则是创业的能力、素质基础,因此大学生要认真学习创业知识,比如,金融知识、法律知识、管理学知识,努力做好创业准备,以便在实践中能从容应对挑战。

3.在课外活动中培育创业精神

课外活动又被称为"第二课堂",是大学生创业精神培育的重要载体。课外活动中的专业社团活动、挑战赛活动、创新创业工作坊活动等,均对大学生创业精神培育起着润物无声的作用。对于大学生来说,一方面,要积极参加社会实践活动。社会实践活动对大学生来说主要包括到企业实习和利用寒暑假、周末做兼职等形式的活动。通过以上创业实践,丰富自己的社会阅历,以便于发现商机。另一方面,积极参加学校组织的各类第二课堂活动。积极利用大学生创业园等学校提供的创业实践平台,通过创业亲身实践,体会创业艰辛,以此来提高自己的抗压能力,磨炼自己的意志品质。

第三节 创新与创业的关系

创新与创业是两个不同的概念,有着一定的区别,但是两个概念之间却存在着本质上的契合、内涵上的相互包容和实践上的互动发展。

一、创新与创业的区别

(一)内涵不同

从定义上来看,创业是创造新的商业,而创新是在市场中应用一种发明;创业可能涉及创新,或者也并不涉及,创新可能涉及创业;或者也并不涉及。创新泛指"创新成果被商业化的价值实现过程",而创业则特指"创建企业的过程"。前者完全可以在已有的企业组织框架内实现,不一定涉及企业组织制度的建设;而后者则必然要涉及企业组织制度的建设。

从内涵上来讲,创新主要是从经济与技术相结合的角度探讨技术创新在经济发展过程中的作用;创业是一个新的非生命市场参与者的创造过程(新商业的诞生)。创业强调的是,如"企业从何而来""人们为什么创建新的商业""商业是如何被创造的"等;而创新是对生产函数包括生产力、科学技术、生产资料、生产工具及劳动力和生产关系的建立等。

(二)研究侧重点不同

创新作为创业的手段,是独有的东西。它是思想的表达以及过程,就是为社会增添新的东西,偏重于理论的分析。创业偏重于实践的过程,即个体建立一份自己的事业,追求自己想要的成功。

二、创新与创业的联系

（一）主体的一致性

首先，实施主体是一致的。创业者在进行创业时，重要的创业资本是核心技术、创业知识、运作资金、创业团队、创新能力等，其中创新能力是最重要的。创业者在创业过程中需要具备创新意识和创新精神，需要独特和新颖的创新思维，产生出富有创意的独特想法，寻求解决问题的新的思路和方法，不断解决企业发展中的瓶颈和难题，最终才能够取得创业的成功。

其次，价值主体是一致的，创新的价值在于创业，创业蕴含着价值创新。创新的价值就在于将潜在的知识、技术和商机转化为产品与服务，能够创造财富，实现企业再创业，通过将创新成果进行商品化和产业化，实现社会财富的增值；创业能够取得成功，必然内在地存在着价值创新。创业是一种能够自我发展达到不断创新的过程，创新其实就是我们常说的"企业家精神"的本质。

（二）时序的一致性

从创新的时效性看，企业创新特别是在科技成果推向市场的过程中一般总是从产品创新、技术创新开始的。因为一种新的市场需求总是表现为产品需求，因而在创新初期企业的创新活动主要是产品创新。一旦产品被市场接受，企业将把注意力集中在过程创新上，其目的就是降低生产成本，改进生产工艺，提高生产率。当产品创新和过程创新进行到一定程度时，企业的创新注意力会逐渐转移到市场营销创新上，目的是提高产品的市场占有率。在这些创新重点的不同时序上，还会伴随着必要的管理创新和组织创新。可见，利用科技成果进行创业在时序上是一个连续的过程。

第四节　创新思维

一、创新思维的概念

（一）思维的概念

思维是人脑对客观事物概括的、间接的反映过程。思维过程是我们认识活动的高级阶段；也是人们对客观事物的反映，来源于客观世界；反映出客观事物的一般性和规律性的联系。在人们的日常生活中，时刻都离不开思维，用它学习知识、解决问题；辨别真伪、识别美丑；探索新知，创造未来。

思维具有以下 3 种特征：

（1）思维的概括性。思维的概括性是指在大量的感性材料基础上把一类事物共同的、本质的特征和规律抽取出来。其中，概括是人们形成概念的前提，是思维活动能迅速迁移的基础。同时，概括是会随人们认识水平提高而不断得以提高的。事实上人们对客观事物认识水平提高的同时也会对事物的概括水平有所提高。

（2）思维的间接性。思维的间接性是指人们借助于一定的媒介和知识经验对客观事物进行间接认识。例如，在阅读中即使你没有作者的经历也可以在头脑中进行加工，感受作者所表达的喜怒哀乐。正因如此，思维的间接性能使人们超越感知觉提供的信息，认识那些没有直接作用人感官的事物和属性。

（3）思维是对经验、信息的再加工。思维活动往往与场景密不可分，经常由一定的问题情境引起，大脑试图通过对已有的知识经验进行重建、改组和更新而解决当下情境所面临的问题。比如，"得到" APP 每天听本书栏目，它试图通过互联网技术解决人们在当今社会阅读的问题,通过利用新技术对已有书籍进行再生产,给读者带来不一样的阅读体验。

(二)创新思维的概念

创新思维又称创造性思维,与其相对应的是常规思维。常规思维是指人们已获得的知识经验,按已有的方案和程序直接解决问题。

许多心理学家认为,创新性思维是多种思维的综合表现形式。它既是发散性思维与复合性思维的结合,同时仍是直觉思维与分析思维的结合。广义的创新思维是指人们在提出问题和解决问题的过程中,一切对创新成果起作用的思维活动。狭义的创新思维是指人在创新活动中直接形成创新成果的思维活动,常常是非逻辑思维的一种形式。

普遍认为,创新思维不受传统经验所束缚,能把过去的知识经验部分抽取,重新组织已有的知识经验,提出新颖的解决方案或程序并创造出新的思维成果的思维活动。

一个人如果具有创新思维就能打破常规、突破传统,具有丰富的想象力、敏锐的洞察力、预测能力和超强的感知力,从而使思维具有一种超前性、变通性。对于人而言,创新思维是可以通过学习与刻意练习改变与提高的。大学生接受外界事物与适应变化的能力要高于普通群体,完全可以通过坚持不断地培养和刻意练习提升其创新思维能力。爱因斯坦指出:"想象力比知识更重要,因为知识是有限的,而想象力概括着世界上的一切,推动着进步,并且是知识进化的源泉。严格地说,想象力是科学研究中的实在因素。"①

创新思维的本质在于将创新意识的感性愿望提升至理性层面并进行探索,实现创新活动由感性认识到理性思考的飞跃。

---

① 阿尔伯特·爱因斯坦,利奥波德·英费尔德.物理学的进化[M].李永学,译.长沙:湖南科学技术出版社,2020.

二、创新思维的特征

1. 概括性

概括性是思维最显著的特征，是人们形成或掌握概念的前提，是一切科学研究的出发点。

2. 问题性

思维在概念的形成与问题的解决中产生，指向于解决任务或问题。通常由 4 部分构成：发现问题（提出问题）、明确问题、提出假设和检验假设。

3. 新颖性

创新思维不受传统习惯和先例的禁锢，在学习过程中对所学定义、定理、公式、法则、解题思路、解题方法、解题策略等提出自己的观点、想法，提出科学的怀疑、合情合理的"挑剔"。

4. 联想性

面临某一种情境时，思维可立即向纵深方向发展；觉察某一现象后，思维立即设想它的反面。这实质上是一种由此及彼、由表及里、举一反三、融会贯通的思维的连贯性和发散性。

5. 灵活性

在学习过程中，思维突破"定向""系统""规范""模式"的束缚，不局限于老师所教以及常规模式，遇到具体问题应灵活多变，活学活用。

6. 综合性

思维调节部分和整体、直接和间接、简单和复杂的关系，在信息中进行概括、整理、组合和再加工，把抽象内容具体化，繁杂内容简单化，从中提炼出较系统的经验。

三、创新思维的类型

创新思维给人类带来新的、具有社会意义和价值的成果，是一个人智力水平高度发展的产物，创新思维与创造性活动密不可分，是多种思维的统一。

人类社会最大的特点就是能够不断创新，即构建想象共同体；对于个人而言，创新思维是一种习惯，尤其是在社会中，即使只是普通工作者也应具备改变旧的、固有的思维习惯，建立新的思维习惯的能力。

创新思维有很多种，以下是几种常见的思维类型。

（一）发散思维

发散思维又称求异思维、辐射思维、放射性思维或扩散思维，是指人们沿着不同的方向思考，重新组织当前的信息和记忆系统中储存的信息，产出大量的、独特的新思想，表现为思维视野广阔，呈现出多维发散状。这种思维的主要功能是求异。

发散思维作为一种创新方法，被广泛用于科学研究、科技发明以及企业的经营活动中。事实上，发散思维是创新思维的最主要特征，同时也是测定创造力的主要标志之一。发散思维是典型的、艺术化的思维，能促使人们提高对工作、生活和学习的激情，是兴趣的乐园，智慧的发源地。

发散思维具有流畅性、变通性、独特性、多感官性等特点。常见的发散思维的表现形式有平面思维、立体思维、逆向思维、横向思维、纵向思维和组合思维等。

1. 平面思维

平面一般包括点、线、面 3 个基本构成要素。平面思维是指人的各种思维线条在平面上聚散交错，核心是联系和想象，是线性思维向着纵横两个方向扩张的结果；更具有跳跃性和广阔性。

2. 立体思维

立体思维是指跳出点、线、面的限制，从空间网络、时间网络和事物联系的网络以至于占领整个立体思维空间思考问题；具有纵向垂直、横向水平、交叉重叠的组合优势；扩大思维活动范围，拓展提高思维的各种可能性。

3. 逆向思维

逆向思维也叫求异思维、反向思维，它是对司空见惯的、似乎已经成定论的事物或观点反过来思考的一种思维方式。其实对于某些特殊问题，从结论往回推，倒过来思考从求解回到已知条件，反而会简单化，使问题的解决更容易。运用逆向思维去思考和处理问题，实际上就是以"出奇"达到"制胜"。因此，逆向思维的结果常常会令人大吃一惊。

逆向思维具有普遍性、批判性、新颖性等特点。常见的逆向思维的方法有怀疑法、对立互补法、悖论法、批判法、反事实法5种方法。

4. 横向思维

横向思维是指突破问题的结构范围从其他领域的事物、事实中得到启示而产生新设想的思维方式，它不一定是有序的，同时也不能预测。具有这种思维方式的人，思维面都不会太窄，且善于举一反三。横向思维是通过明显的、不合逻辑的方式寻求解决问题的方法，主要作为对传统的批判和分析性思维方式的补充，具有激发新观念、完善构思、保持思维开放状态以及进行改造等作用。横向思维的特征是寻找更多答案、更多方案等，但其欠缺一定的深度。

5. 纵向思维

纵向思维是指在一种结构范围内，按照有序的、可预测的、程式化的方向进行的思维形式。纵向思维是符合事物发展方向和人类认知习惯的思维方式。通常情况下，纵向思维方式遵循由低到高、由浅到深、由始到终等过程。从不同层面切入，突破性的、递进性的、渐变性的联系过程。事物发展的过程性是纵向思维得以形成的客观基础,纵向思维在事物的萌芽、成长、壮大、发展和衰亡过程中可捕捉到事物的规律性,即对事物发展过程的反映。因而,纵向思维是我们对日常生活中的形势分析、研究常用的方法。

纵向思维具有 5 个特点:由轴线贯穿的思维进程,清晰的等级、层次、阶级性,良好的稳定性,明确的目标性方向性,强烈的风格化特点。

6. 组合思维

组合思维又称连接思维或合向思维,是指把多项貌似不相关的事物通过想象加以连接从而使之变成不可分割的新整体的一种思考方式。组合思维具有创新性、广泛性、时代性和继承性等特点。常见的组合思维的形式有同类组合、异类组合、重组组合、共享组合、概念组合和综合等 6 种组合形式。

(二)集中思维

集中思维又称收敛思维、求同思维和聚合思维。集中思维是一种有方向、有范围、有条理的收敛性思维方式。这种思维方式与求异思维方式相互依存、相互补充,结合形成完整缜密的思维体系和程序。从多种不同角度、不同信息源中引出一种结论,有助于对思维对象的把握和思维层次的发掘。例如,教师根据各种教学参考资料归纳出一种正确的结论传授给学生。在进行这种集中性思维时,往往需要把已提供的各种信息重新组织,然后找出最好的解决方案。

集中思维与思维定式完全不同。思维定式是让传统性和习惯性思路引向僵化、重复模拟、狭隘片面的惰性歧途;求同思维则要求既求奇、求变、求新,又不唯"异"独尊,把求异当成一种追求。在创新活动中,通过发散思维提出种种假设,然后能使用求同思维挑出好的设想。发散思维体现了"由此及彼"和"由表及里"的思维过程,聚合思维体现"去粗取精"和"去伪存真"的思维过程。

（三）联想思维

联想思维是指人脑的表象系统中，由于某种诱因导致不同表象之间发生联系的一种没有固定思维方向的自由思维活动。联想思维是以事物的普遍联系为基础的，主要的思维形式包括幻想、空想、玄想。其中，幻想尤其是科学幻想在人们的创新活动中具有重要作用。联想思维具有连续性、形象性和概括性的特征，其突出特征是悖逆性、挑战性、批判性。联想思维可以使我们扩展思路、升华认识、把握规律，常见的联想思维的类型有相似联想、对比联想、接近联想、关系联想4种。

（1）相似联想是指由一事物联想到另一个与它在性质上接近或类同、近似的事物。比如，想到大海时会想到沙滩、想到海鸥、想到海豚、想到珊瑚礁、想到浮潜等。

（2）对比联想是指由一个事物联想到与其具有相反特点或特征的另一事物。比如，黑夜和白昼、夏天的酷热与冬天的严寒。

（3）接近联想是指由一事物联想到时间或空间上相接近的另一事物。看到学生想到教室、老师、桌椅、粉笔、课本等相关事物。

（4）关系联想是指由事物所具有的各种关系而形成的联想思维。

（四）综合思维

综合思维又称复合性思维，是把某一事物的某些要素分离出来，组建到另一事物或事物的某些要素上的创造性思维过程。综合思维是掌握系统、整体及其结构层次上的综合，有着高层次的、全局的认识水平。综合思维中的分析是综合的分析，是以综合为认识起点并以综合为认识归宿的，是"综合分析新的综合"的思维过程。这种由"综合而综合"的思维方式体现了对已有智慧、知识的交杂和升华，绝不是简单地相加或拼凑。比如，"瞎子背瘸子"就是典型的综合思维，二人充分发挥优势，形成优势互补，从而达到不仅可以看见，还可以行动的目的。

（五）逻辑思维

逻辑思维常称"抽象思维"，是符合某种人为制定的思维规则和思维形式的思维方式。逻辑思维是确定的、前后一致的、有条理和根据的，不是自相矛盾的。逻辑思维一般会用到概念、判断、推理等思维形式和比较、分析、综合、抽象、概括等方法，而掌握和运用相关形式与方法的程度形成了逻辑思维能力。逻辑思维具有规范、严密、确定进而可重复的特点。常见的思维类型有经验型和理论型两种，其中经验型常局限于经验，思维水平较低；理论型以理论为依据，运用科学的概念、原理等方式进行判断推理，思维水平较高。

（六）灵感思维

灵感思维是指在事物的接触及思考中，因受到某种启发而产生的创新思维方式，是文学艺术和科学研究中经常出现和运用的一种创新思维方式。灵感思维是一种过程，是灵感的产生过程，不是一种简单的逻辑或非逻辑思维的活动，而是逻辑思维与非逻辑思维相统一的理性思维过程。灵感思维具有转瞬即逝的偶发性、突发性和模糊性等特点，因此需要抓住稍纵即逝的灵感思维以促成新事物的应运而生或疑难问题的解决。常见的灵感思维有：自发灵感、诱发灵感、触发灵感和迸发灵感4类。灵感思维的方法有：久思而至、触类旁通、见微知著、梦中惊成、自由遐想、急中生智、另辟新径、原型启示、豁然开朗、巧遇新迹等。

（1）久思而至是思维主体在长期思考但始终没有进展的情况下，无意中找到答案或线索，完成久思未解的研究项目。如谷仓学院的洪华博士经常提到的：心心念念，必有回想。

（2）触类旁通是人们偶然从其他领域的既有事实中受到启发，进行类比、联想、辩证、升华而获得成功，这往往需要思维主体具有更深刻的洞察能力，能把表面上看起来完全不相干的两件事联系起来，进行内在功能或机制上的类比,即所谓"他山之石,可以攻玉"。

(3)见微知著是从别人觉得稀奇平常的小事上,敏锐地发现新事物的苗头并且深挖下去直到做出一定创新为止。见微知著须独具慧眼和敏捷的思维。

第七章　大学生职业辅助素养培养

第一节　大学生诚信职业素养培养

改革开放以来，我国的经济和社会发展都取得了举世瞩目的成就，但是从大学生中存在着比较严重的诚信缺失现象可见，诚信缺失现象犹如毒瘤正在日益严重地侵蚀着大学生的思想。全面建设小康社会，构建和谐社会，都离不开诚信这一重要保障。因此解决诚信教育过程中的不足，必须整合各方力量，建立一套适合当代大学生特点的诚信教育体系，同时根据各高校的实际情况和特点建立一套相应的制度做保障。

一、加强高校诚信教育，突出培养诚信素质

1. 遵循大学生成长规律，提高诚信教育效果

德育是教育者根据一定社会和受教育者的需要，遵循品德形成的规律，采取言教、身教等有效手段，通过内化和外化，发展受教育者的思想、政治、法制和道德几方面素质的系统活动过程。诚信教育过程是一个从低到高、由浅入深、循序渐进、不断发展的动态过程，要从最基本的抓起，逐步提高。首先要提高大学生的诚信认知。诚信认知是指人们关于诚信品质和行为、诚信原则和规范的一种道德上的认识和理解。它是发展其他诚信心理素质的基础，所以在诚信教育中必须把提高诚信认知水平放在首要位置。其次，要升华大学生诚信情感为一种品质。诚信情感是诚信认知的催化剂，是诚信认识转化

为诚信行为的动力,对诚信行为具有调节作用,是整个诚信品质形成和发展的精神源泉。因此,在诚信教育中要非常重视对大学生诚信情感的培养。再次,要强化大学生诚信行为。我们培养的学生不能是只知晓诚信知识,在行动上却常常违背诚信行为规范的"两面人"。所以,诚信教育要十分重视诚信行为的训练,使大学生不仅掌握有关诚信知识,还要把知识转化为行动,养成良好的诚信行为习惯,做到"知行合一"。最后,要使大学生养成自律意识,自觉地将诚信内化为自己的行为,具体可以通过深化政治理论课教学内容、方法的改革,使大学生充分认识诚信的内涵及价值,引导大学生树立社会主义核心价值观,确立科学的诚信认识;通过丰富多彩的第二课堂教育活动,建构满足大学生心理需要的诚信体系,培养大学生诚信道德情感;通过将诚信教育渗透于学科专业教学中,帮助大学生形成较强的诚信意志,自觉践履诚信行为。

2.积极编写诚信教材,充实和丰富诚信教育的内容

加强诚信教育需要认真编写各种教材,丰富和完善诚信教育内容。杜威认为,"知识的题材与道德的发展有着密切的和有机的联系,各种教材是培养儿童道德品质的主要手段。"[①] 可见,教材是一种基本的道德教育手段,其编写极为重要。诚信教育的内容应该是与时俱进的,经济全球化和教育国际化的发展进程要求我们在诚信教育内容上注入时代精神,使传统的本土化的诚信教育逐步走向现代化、国际化。尤其要注意两个结合:一是诚信意识要和规则意识结合起来。现代诚信观念不仅是一个处理个人之间关系的"私德",更是一个处理个人和社会之间关系的"公德"。尤其是在和谐社会思想的指导下,要强化规则意识,把诚信教育和规则教育结合起来。规则和诚信是紧密联系的,规则意识淡薄,诚信意识必然缺失。大学生诚信方面的问题和社会

---

① 约翰·杜威.民主主义与教育 [M].王承绪,译.北京:人民教育出版社,2001.

上规则意识的薄弱紧密联系,有些已经渗入学校内部。例如,高校教育中,通过"法律基础"的教学,使大学生认识到诚信不但是一种道德要求,更是一种法律要求,是人之为人的道德底线,并且帮助学生树立"信用至上"的价值观、公正平等的法律意识和信守契约的法制观念,认识到违法失信行为要承担的法律责任和后果,从而增强大学生的诚信责任意识。二是诚信意识要和创新意识结合起来。诚信观念侧重实事求是、信守诺言,但在社会飞速发展的时代,更需要创新、突破常规。

学校应该把诚信教育贯彻落实到学校教育的各个环节,从入学教育到毕业教育,从日常行为管理到校园的各项活动,都要渗透诚信教育的内容。我们认为大学生诚信教育内容要完整、系统并有针对性,具体应涵盖政治信仰、学习考试、日常生活、人际交往、社会活动、助学贷款、择业就业等学生生活的各个层面。要把以诚信为核心的道德教育同爱国主义教育紧密地结合起来,将马克思列宁主义、毛泽东思想、邓小平理论、"三个代表"重要思想、科学发展观和习近平新时代中国特色主义思想等方面的内容加入诚信教育,使大学生明白诚信不仅是个体的道德需求,更是实现社会主义和谐社会的现实需要,从而强化铸造诚信品质的责任感和使命感,使诚信教育教学真正成为大学生品格形成的坚实基础。

3. 创新诚信教育方法,拓展诚信教育的实践渠道

(1)将诚信教育纳入学校日常教育体系

学校是进行系统思想道德教育的阵地,诚信教育应落实到学校的具体工作中,渗透到教育教学的各个环节,高校应该以"两课"为主阵地,改变传统的灌输式教育,教师以真实、可信、可感的诚信人格魅力影响学生,在实践中深化诚信教育。总之,在教育过程中要坚持全员育人、全方位育人的原则,利用一切先进的教育教学手段和载体来开展以"诚信教育"为主的道德教育活动。在诚信实践过程中要求学生从自身做起,从日常生活的具体事情做起,自觉

地践行,使诚信行为成为习惯,内化为自身诚信的道德品质。

（2）开展各种形式的诚信实践

日本教育家、心理学家石川弘义认为："人之成德在于力行。"[1]任何道德认识、道德觉悟、道德情感、道德责任心最终只有通过学生切身的道德体验的践行,落实于真切的道德行为表现出来,才体现其价值。诚信教育的关键在于培养诚信行为实践能力,将认识变成行动。要从教育的实际以及大学生的特点出发,将诚信教育同提高大学生自身素质结合起来,通过多种形式、多种渠道,如通过校广播、校园网、校报、宣传栏、黑板报等舆论方式来广泛宣传,充分利用和挖掘各种教育资源,结合大学生管理工作、教学管理工作和宿舍管理工作,通过讨论会、辩论赛、报告会、知识竞赛等实践活动,努力培养大学生的事业心、责任感,平等竞争的意识、独立自主的人格和对规则的虔诚态度。学校和社会可以建立大学生诚信实践履行机制,通过实践,可以丰富大学生对诚信的感性认识,从而为诚信道德的提升奠定基础。一方面,要积极组织大学生参加各种有益的实践活动,培养其社会责任意识、参与社会公益事业的热情和奉献精神,从而锻造和健全其道德人格。通过切身的实践和体验,优化和强化大学生的自我意识,增强学生的道德评价能力和道德修养自觉性,从而使其切身体验感悟到诚信是一种思想和行为的必然要求。另一方面,让他们在实践中了解一些政治经济生活中因诚实守信成功和失信失败的案例,使他们懂得诚信对个体发展的重要性和失信对个体发展的危害性,从而把诚信意识的形成作为自己的道德追求。

4. 完善诚信教育的制度,规范学校的教育行为

首先,拓展诚信监督渠道,建立校园监督机制,确保校园的诚信氛围。具体可以通过完善诚信承诺机制、成立道德自律委员会、建立道德审判法庭等,在实践中培养大学生的信用意识和责任感。学校应建立起自己的校内信用

---

[1] 石川弘义.拒绝的艺术［M］.周逸鸣,译.兰州:甘肃人民出版社,1987.

监督机制,对诚信教育的实施情况予以监督。要对信用评价是否公开、公正、公平予以监督,避免诚信教育和管理部门自身的"失信";对诚信教育、评价中失信行为绝不能姑息,一定要予以曝光,从而有利于诚信教育和信用评价的顺利发展。

其次,建立信用档案。制度的缺陷或者执法力度不够严格,往往使一些心存侥幸或贪图眼前利益的学生,为达到目的而无视诚信规范、破坏诚信原则。因此,学校必须建立一套有利于大学生诚信品质形成的信用机制。如在学生助学贷款方面,要严格贷款制度,建立大学生信用档案,将大学生在校的信用与未来的社会信用挂钩。在香港特区,个人诚信记录就可以通过互联网查询,公司和企业在招聘员工的时候,会将信用记录作为是否录用的重要参考指标。在考试制度方面,应该加强考前宣传,采取"诚信考试周"等措施杜绝考试作弊,严惩考试作弊者;在德育考核方面,应结合学生的诚信表现情况进行思想品德鉴定,在新生入学时可安排他们参加承诺仪式,对自己在校期间必须达到的学习目标和各项德育目标进行承诺。学校要将大学生在校期间的承诺内容、表现情况记录到诚信档案中,让大学生在实践自己的承诺中潜移默化地形成诚实守信的道德观念。

最后,建立合理的诚信评价体系。"评价是人活动的意识性、目的性的集中表现,它是人依据一定的价值标准对人、事、物的一种价值判断,并为人们提供明辨是非、善恶、美丑的价值信息。"[①]诚信教育从属于道德教育,离不开诚信评价的导引。从道德心理学角度来看,道德认识是指对客观存在的道德现象、道德关系以及处理这种关系的道德规范和原则的认识,它包括道德经验的累积、道德理论知识的学习、道德判断能力的发展等。由于种种因素的影响,部分大学生诚信道德意识扭曲,甚至产生变异。所以,应通过诚信评价机制纠正并提高大学生的诚信道德认识,使其对诚信道德的认知从低级、浅

---

① 王淑芹.信用伦理研究［M］.北京：中央编译出版社，2005.

表向高级、深层发展。我们的评价应坚持公开、公平、公正原则,坚持教育、评价和监测"三位一体"的方针,以评促建,以评促管,重在建设。

5.发挥教师的表率作用,师生共同实践诚信

汉代著名思想家扬雄在《法言》中说:"师者,人之模范也,无德者无以为师。"提出了教师在"做人"上的"模范"作用,强调了对教师的道德品质的要求。教育者是榜样的启蒙者、美好心灵的塑造者;教师既是道德行为的实践者,又是道德品质的教育者。因此,必须重视师德建设,加强高校教师的诚信道德修养,使教师成为履行诚信义务的表率。教师不仅要遵守公民道德准则与行为规范,还应遵守教师特殊职业的道德规范。教师对学生的诚信教育要想取得真正的效果,首先自身要讲诚信,严格规范自己的行为。近年来,诸多大学为了抬高自身的学术声誉,也为了在一些评估的"数字"里有更好的表现,聘用了一些"学术大腕"来撑"门面"。一些受聘者也为了个人利益,不顾自己的时间与精力而多处兼职。这种"不良兼职"现象毒化了"学术空气",客观上助长了教师抄袭他人科研成果的气焰。这样的教师又怎能严格要求学生考试不作弊呢?如果一位教育管理人员在学生成绩、评奖中弄虚作假,又怎能让学生敬仰他、信任他呢?虽然这些现象只是部分个人行为,但所引起的社会负面效应及对大学生的心理影响却是巨大的。因此,作为塑造大学生诚信道德的楷模和表率,教师必须树立诚信的道德观念,明辨是非,努力提高自身的素质和修养,始终以正直、诚实的形象出现在学生面前。

我们知道,学生和教师是实施诚信教育过程中相辅相成、互为影响、不可分割的两个方面。要想打造诚信校园,仅仅确定教师的诚信取向,以自己的一言一行成为学生的楷模是不够的,还必须营造浓郁的诚信氛围,与学生一起践行诚信。教育者要与受教育者一起成为实践的主体,在实践中通过理性思考,做出诚信道德判断和选择,并自主调节自己的诚信行为。

二、加强家庭诚信教育，夯实诚信教育基础

在家庭中进行的诚信教育主要是通过家庭教育实现的。家庭教育就是指"父母或其他年长者在家庭内自觉地、有意识地对子女进行的教育"。家庭的诚信教育是诚信教育的基础，对大学生的成长至关重要。每一位社会成员都有责任、有义务对子女进行良好的诚信教育，使之养成自觉的习惯。

1. 转变成才观念，注重培养孩子的品质

人的良好道德品质的形成过程是一个从道德他律逐渐走向道德自律并最终实现主体对道德自由把握的过程。因此，我们认为：要提高大学生的诚信修养，关键在于发挥"内因"作用，必须强化以自省性、自控性、自励性为内容和目标，达到行为自律。部分家长在孩子的教育问题上较为功利，他们忽视对孩子的日常行为的教育与管理，而更看重孩子的成绩，认为只要多拿几本证书，以后找工作就可以高枕无忧。因此，不少父母平时只关注孩子学习成绩，对孩子的品德状况却很少问津；有的父母甚至为了"只要学习好"，无原则地满足孩子的各种不正当要求。结果是孩子上大学了，却已形成了"以自我为中心"的观念，特别是涉及个人利益时，有的孩子"为达目的不择手段"，违反校规、校纪，甚至触犯法律，而父母此时却悔之晚矣。因此，父母应转变成才观念，注重孩子个性品质培养。要明确人才都是德才兼备的，孩子只有"成人"，才能"成才"。德是人才的根本和统帅。一个人没有道德，不仅不会成为社会所需要的"人才"，还有可能成为"歪才"，即使有本事，也不会被社会看重和承认，甚至会因其有更高的智力而对社会造成更大的危害。

2. 树立诚信家长榜样，做孩子的表率

家庭教育是教育之始，是孩子接受教育的开端。中华民族拥有深厚久远的家教传统，自古以来就有许多民间故事和传说，如"叔敖母教子""孟母断机杼""岳母刺字"等，还有"养不教父之过"等古训。但是，由于社会竞争日

益激烈以及计划生育政策的实施,家庭教育也逐渐带有功利性,出现了重智育轻德育的现象。生活中,不少大学生的一些非诚信行为恰恰就来自家庭。特别是当前社会经济生活急剧变化对家庭价值观造成的冲击,很容易让家庭教育迷失方向。因此,家长应审视、检点自身行为,加强对大学生的教育和引导。

家长首先要转变错误观念,提高认识。陈桂生先生就曾指出,"在直系家庭转变为核心家庭以后,出现了家庭教育与抚养经验的真空"①,家庭在教育中的地位也进一步削弱,家庭教育本身也日益变态,甚至可以说几乎濒临危机状态。因此,要提高在家庭教育中扮演最为重要角色的人即父母的认识。父母的爱与关怀能更好地给予孩子最初的情感与道德体验,在孩子的心中种下爱的种子和信任的种子。一旦出现不诚实的行为或违背了自己的诺言,就一定要跟孩子坦诚相告,讲明自己这样做的动机,求得孩子的理解和原谅,绝对不能为了顾全自己的面子而文过饰非。另外,学校要开办家长学校,广泛宣传诚信观念,强化正确的舆论导向,对一些有着明显不良习气的家长进行人格培育,让广大家长树立起诚信人格,并增强诚信垂范意识,时时处处严格要求自己,给孩子树立良好的榜样,营造浓厚的家庭诚信道德氛围,使青少年的身心浸润在理想的家庭环境中。其次,父母应以身作则,做孩子的榜样。父母是孩子的启蒙老师,父母的言行举止对孩子产生最直接的影响。尤其父母在日常生活中的为人处世、待人接物等,是孩子学习和模仿的榜样。

三、营造和谐社会环境,助推大学生诚信教育

1. 强化政府的社会责任,拓宽就业渠道

欲建立和谐社会,必先有诚信的政府。政府在社会诚信体系的构建中应起着重要的表率作用。因此,一方面政府要规范自身行为,提升自身诚信度,

---

① 陈桂生.教育实话［M］.上海:上海教育出版社,2023.

强力打造诚信政府，树立负责任政府形象，充分发挥其在诚信缺失治理中的主导作用。政府的政策和政府官员的行为，直接展示着政府的诚信，也直接影响着政府在人们心目中的地位和形象。"为提高社会组织的透明度，必须使政府的行动尽可能地开放和透明。"①同时政府要严惩作假失信行为，为大学生就业创造一个和谐诚信的环境。另外，应该抓住"西部大开发""小城镇建设"、城市社区建设等有利契机，鼓励和引导毕业生到祖国最需要的地方去，到最能发挥自己能力的地方去。高校应积极配合国家政策，加强与各用人单位的联系，认真建立健全毕业生就业和服务体系，尤其是开设就业指导课和就业网站建设等。

2. 构建大学生诚信交往网络，营造诚信的社会风气

一方面，教育大学生在现实生活交往过程中继承和发展儒家的诚信观念，恪守诚信原则，清除浮伪习气，做到真诚待人，杜绝虚伪和欺骗，从而实现交往行为的规范化。随着经济的发展和科技的进步，人际的互信对诚信道德建设产生越来越重要的影响。只有人际互信，人际的交往才能健康，社会才会拥有和谐的风气。因此，高校要引导大学生通过人际交往来结交真心朋友，在相处中培育互相信任、互相合作的精神。这将有利于整个社会环境的稳定和优化，有利于和谐校园乃至和谐社会的构建。

另一方面，随着信息技术的发展和网络技术的推广，网络以其迅捷的速度、生动的形式向人们传递着信息与知识，同时也给传统的生活方式、思维方式、交往方式、知识传播方式带来了挑战。当前，很多网民认为网络世界是虚幻的，在这里可以随意放纵自己，不需要像在现实生活中那样遵守各种道德准则。"网上多元道德文化使个体处于矛盾的道德选择中，使个体道德人格的形成受到挤压和扭曲。"在网络日益成为生活中不可或缺的一部分的时代，诚信作为现实世界人际交往的必备美德，同样适用于虚拟世界。诚信品质在

---

① 檀传宝.德育美学观［M］.太原：山西教育出版社，1996.

网络社会中有着不可比拟的作用，它利于协调网络交往中人与人之间的关系，并利于确保虚拟环境中的人际信任，对维护网络秩序起着十分重要的作用。所以说，诚信品质是网络世界的存在之基，否则，网络世界的信用体系一旦崩溃，欺诈行为将会泛滥成灾。

3. 加大媒体舆论的自律与监督，倡导先进信任文化

媒介具有覆盖面广，传播途径多，影响力强，发展速度快等特点。媒介，尤其是大众媒介在现代社会生活中对人们的思想观念和生活方式的影响和作用是巨大的。如今，科技飞速发展，媒体有主动满足公众知情权的义务和责任，有使命感的媒体应当把维护政府的尊严放在第一位，把对人民的健康和生命安全高度负责放在第一位。正如在 2008 年汶川大地震中，各大媒体密切配合政府工作，及时准确地公开各种信息，几近完美地完成了自己的使命。可见，媒体的大力宣传和社会舆论的正面引导对形成良好的诚信社会氛围起到重大作用。因此，我们应该利用各种媒体进行宣传和监督，引导社会舆论，提倡和鼓励诚信道德行为，全面宣传"诚信"的当代意义，进而杜绝媒体中的一些不良内容，防止其产生不利于大学生诚信教育的负面作用。

我国传统文化中蕴含着丰富的信任文化资源，有待我们在建设和谐社会的过程中大力开发。发达国家有一句名言："增长不等于发展，富裕不等于幸福。"它很形象地说明了新时代人民需要的变化。物质是满足人们生活的必需，文化则能提供生活的意义，使人们的心灵受到抚慰和激励。我们对待传统文化既不能全盘西化，也不能过分依赖于传统文化的"起死回生"。张岱年先生认为，我们应该以马克思主义为文化研究的思想指导，以辩证唯物主义和历史唯物主义为基本的研究方法，既"反对东方文化优越论，也反对全盘西化论，主张兼取中西文化之长而创造新的中国文化"。① 因此，在今天中西方文化乃至全世界文化都处于交融的状态下，大学生不仅要学习西方先进的诚

① 张岱年.中国人的人文精神［M］.贵阳：贵州人民出版社，2018.

信制度文化和诚信伦理文化，而且要用平等、民主等观念深化中国传统文化，最终在全社会弘扬先进信任文化，并发挥其重要的价值和作用。

第二节 大学生理财素养培养

一、转变教育观念，切实加强大学生理财教育

深化大学生理财教育改革必须进一步解放思想，更新观念，从根本上突破理财教育的认识论困境，规范理财教育内容。"通过大力加强以创新、创业精神和就业能力为核心的经济教育，科学培育和合理发展市场经济方面的工具理性来促成学生正确的价值理性的生成，最终实现求知与求职、物质利益与精神价值追求的和谐发展，这是我国当代教育必须肩负的责任和使命。"

上海交通大学人文学院副院长姚俭建教授提出："中国青少年理财教育应包括三个基本方面：理财价值观的教育，涉及对金钱、人生意义的正确理解和价值认同；理财基本知识的传授，包括经济金融常识及个人家庭理财技能和方式；理财基本技能的培养。"[①] 美国公共政策研究所高级研究员米兰达·刘易斯认为，教给年轻人基本的个人理财知识，如计算利率、家庭预算、房屋贷款等，有助于他们未来做出正确的理财决定，而不至于陷入债务困境。目前在西方个人理财已成为人们日常生活中不可或缺的一门学问。个人理财或者个人财务策划在西方国家早已成为一个热门和发达的行业。我国大学生理财教育还处于刚刚起步阶段，而大学生理财教育又是培养学生创新精神与创业能力、缓解就业压力的需要。

据统计，2022年，我国高等教育毛入学率已达到59.6%，每年有1000万~1200万毕业生需要就业。而市场经济改革的深入，带来小政府、大社会的管

---

① 姚俭建.观念变革与观念现代化［M］.上海：上海交通大学出版社，2000.

理格局，机关裁员，企业产业结构调整、减员增效，新劳动法使得企业用人日趋谨慎，大学生的就业机会和环境不容乐观。理财教育有利于培养学生创新精神与创业能力，推动大学生自由择业和自主创业，缓解就业压力。因此，大学生理财教育既要大力扩充和丰富教育内容，又要与生涯规划教育等其他课程相融合，只有这样，大学才能为社会、为国家培养出更多具备正确的理财观念、全面的财富知识、娴熟驾驭货币和资本运动规律的经济建设主力军，为社会更好更快地科学发展做出贡献。

二、构建大学生理财教育体系

1. 科学确立理财教育的目标

正确的财富观有助于帮助大学生学会如何使用钱财，使个人与家庭的财务处于最佳的运行状态，从而提高生活的质量和品位。在市场经济社会，每个人在开始获得收入和独立支出的时候就应该开始学习如何理财，从而使自己的收入更完美，支出更合理，回报更丰厚。大学时期是一个人独立支出的开始，很可能也是挣人生中第一笔收入的时候，是走向财富社会的出发点，是理财的起步阶段，也是学习理财的黄金时期。在此阶段，如果能够养成一些较好的理财习惯，掌握一些必需的理财常识，往往可以受益终生。大学生理财教育的目的应是：立足于培养学生对金钱、财富和财富创造的认识、理解和尊重，引导大学生树立正确的财富观、理性的消费观、积极的创业观、自觉的投资观、科学的理财观以及牢固的法律意识和诚信意识，了解现有理财工具、手段，掌握一定的理财技巧和能力。

2. 理财教育的内容体系的构建

在美、日等发达国家，理财教育已经融入了国民教育的方方面面，它们总结出了一整套值得我们借鉴和学习的科学教育方式。在美国，理财教育的方式是清晰地依据少儿生理和心理的自然发展规律，由浅入深循序渐进地教授理财知识。孩子3岁时,能辨认硬币和纸币;4岁时,知道每枚硬币是多少钱,认识到收入无法把全部商品买完,学会选择商品;照此循序渐进,到17岁时孩子能比较各种储蓄和投资方式的风险和回报。比较年利率,以便决定把钱存在哪里,从谁那里借钱,尝试进行股票、债券等投资活动以及商务、打工等赚钱实践。与此同时,还注意培养孩子的劳动意识,使他们懂得劳动创造财富的道理,从而知道赚钱的正当途径。根据这些国家的经验我们可以知道,对于构建我国大学生的理财教育内容体系也应该具有科学的理论依据和教育方式。

大学生理财教育体系的构建应该从大学生的实际状况和心理需求出发,同时结合我国国情,顺应国际经济全球化和信息化的潮流,按照科学的理论,由浅入深地确定理财教育的内容,介绍理财产品,传授理财知识,培养理财技能。借鉴发达国家的理财教育理论,结合马斯洛关于人的需求理论和对应的理财方式和内容,我们的理财教育的内容体系应是以消费、保险、投资为核心的经济教育。

第一部分是消费知识与技能,目的是让学生明白如何合理安排收支,确定必需开支,理性消费,主要内容包括消费伦理、消费经济学、商品学、财务会计、家庭预算等。第二部分是储蓄与保险知识与技能,是让学生掌握将来工作后通过财务安排,降低风险,寻求安全保障的知识和技能,主要内容包括各类储蓄产品、房地产投资、税收筹划、固定收益证券、保险学、黄金投资、组合投资等。第三部分是投资知识与技能,目的是让学生了解各种高风险、高回报的投资产品,比较和选择投资对象,通过风险投资,提高生活质量,实现自我价值,主要内容包括股票、共同基金、期货、外汇等金融衍生产品和实业投资、创业教育等。

3.拓宽理财教育渠道,形成合力育人机制

大学生理财教育可以通过专业课程设置、选修课、报告、讲座等途径得以有效实施。同时，家庭教育和社会环境对大学生理财有着深远影响。高校应该广泛发动学生家长配合学校一起做好学生理财教育工作，建立良好的沟通机制，共同为学生理财提供一个良好的保障；并与相关部门沟通，整治好学校周边社会环境（网吧、歌厅等）及不良风气。学校、家庭和社会通力配合，构建密切有力的合力育人机制，形成三位一体教育网络，给大学生理财教育的实施提供良好环境和社会保障。

三、倡导大学生职业教育，提高理财教育实效

随着经济的发展，居民的理财意识开始焕发，金融理财是一个非常有前途的行业，可以容纳一定的高素质人才的就业。高校可以鼓励有能力、有条件的同学参加各类理财职业资格考试，如理财规划师、金融特许分析师、证券、期货、基金从业资格考试等。通过参加各类职业资格考试，学生的理财知识更加巩固，理财技能更加娴熟，同时也增强了学生的就业和创业能力。

由于理财知识和技能的实践性强和随着经济社会发展更新速度快的特点，同时高校受到师资力量的制约，应鼓励专业性的理财培训组织进入校园，有利于促进理财教育的发展，满足学生的需要，同时也有利于合理利用高校的教育资源。比如，大学可与金融服务机构合作，通过在互联网上举办定期讲座，由专业人员与投资者探讨有关个人理财的相关问题，免费寄送投资宣传册、举办各种免费的学习班等方式，从以下战略领域强化个人理财教育：①提高对个人理财教育重要性的认识。②通过合作促进个人理财教育的发展。③研究理财教育计划的有效性。④组织个人理财入门知识联盟，以提升大学生的个人理财能力。

第三节　大学生法治素养培养

21世纪是我国依法治国的新时代,树立法律意识、维护法律权威及自觉守法已经成为21世纪人才培养的基本要求,也是评价人才的重要标准。显而易见,切实加强大学生法治教育是时代发展的呼唤,更是推动和维护依法治国有效运行的重要保障。

一、改进大学生法治教育的措施

1. 完善法治教育的组织和管理

(1)加强法治队伍建设,建立法治约束管理机制,形成依法治校的意识和行为。

首先,加强领导,健全机构,完善队伍,使法治教育有具体的机构管,有具体的人员抓,有具体的教师教。第一,学校党、政、工、团、妇等方面都应有人分工负责。这样既保证这些组织对学校面上的法制工作有分头抓管的责任,不留空白,又强化这些组织自身的法治意识和行为。第二,加强和明确学校学生处、政治教师和其他德育工作者在法治教育中的责任和任务,充分发挥其教育的优势和资源。第三,面向校内外尤其是司法、执法部门,聘请素质较高的专业人员担任学校专职或兼职的法治副校长、法治教师、法治宣讲员、法治监督员、法治顾问等,以提高学校法治教育队伍的整体素质。第四,建立有相当权威的学校综合治理委员会或法治教育工作委员会。人员可由学校有关院系领导、学生管理部门负责人、政治德育教师、外聘人员、学校所在地的社区组织负责人、高年级学生代表等组成,定期和不定期研究处理法治教育的有关问题,开展检查评比,维护学校正常秩序。第五,加强大学安全保卫工作。保卫处受学校行政和综合治理委员会或法治教育工作委员会领导，是学校具体承担安全保卫和对内对外联系处理有关法治教育问题的工作部门。这样有利于学校法治教育工作落到实处，收到实效。

其次，广泛地学习宣传法律法规，使师生员工熟悉掌握依法治校、依法治教、依法受教的有关法律规定和要求，明确各自的法律责任。

最后，完善学校、班级、部门规章制度，规范决策、监督管理程序，增强自我约束管理机制。学校办学的一切行为都要在法律法规和充分体现本校大多数人意志的章程制度的约束下进行，要充分发挥教职工代表大会和学生代表大会在学校民主管理和监督中的重要作用，做到校务公开。直接涉及学生利益和权利的有关重大决策应召开学生代表大会讨论后再决定。要健全学籍处分程序和学生申诉机制，坚决维护学生的合法权益。

（2）抓住最佳时机，做好预防教育，强化矫正力度，达到知行统一。

第一，通过法治课教学，让学生较系统地掌握常见法律知识。尤其要配合政治课通过专题讲座、知识竞赛等活动，抓好相关法律法规的宣传教育，使法律要求深入人心，达到预防效果。

第二，围绕"教行结合""知行合一"开展以学生为主体参与的丰富多彩的教育活动，注重法治教育案件实例与理论教育相结合。由于法律条文的枯燥性，采取形式多样的教育方法是加强法治教育和提高职业指导法律教育工作实效的必要手段。除了通过课堂学习法律基础课，还可以通过就业指导课、举行法律知识竞赛、举行主题班会、个别辅导、法律援助、毕业生情况跟踪等多种形式开展法律教育，不拘一格，注重实效。在教育过程中要注意选取当前大学生就业中社会热点问题案例，以案说法，增加大学生的学习兴趣，使大学生理解法律条文，增进法律意识。

第三，把法治教育纳入学校教育科研课题进行研究，使教育不断朝着规范化、程序化、科学化的轨道发展，让其产生事半功倍的教育效果。

（3）营造浓厚的校园法治文化环境，不断强化潜移默化的教育效果。

校园法治文化应纳入校园文化建设的重要内容去抓。学校要营造浓厚的校园法治文化环境，潜移默化地作用于学生的日常学习和生活，使其逐步增强法律意识，树立法治观念，养成守法维法习惯。在工作中，除前述的措施和做法外，还应通过法制宣传标语、黑板报、橱窗张挂法制报刊、宣传画、印发法制法规摘编、主办校园法制广播、校园电视台、校园文学社刊物、举办法治教育展览、禁毒展览、消防知识展览、组织法治宣传队、开展法治讲座、演讲赛、知识抢答赛、辩论赛、报告会、故事会、法治主题班团队会、自扮角色举办"模拟法庭"、自选自编自演法治文娱节目、邀请同龄人"现身说法"等多种形式，多种途径，有声、有形、有图、有文、有娱、有乐，以加强校园法治文化建设，使法治教育经常化、形象化、制度化、规范化，形成自发的、自觉的、自然的、浓厚的校园法治文化氛围，强化潜移默化教育，使法治教育收到入耳入脑导行之功效。

（4）积极推进依法治校，创造体现法治精神的育人环境。

积极推进学校层面全方位依法治校，营造浓厚的体现法治精神的育人环境，让学生在依法治校的过程中自觉和不自觉地接受良好的法治环境熏陶，对学生增强法律意识、树立法治观念，起着重要的作用。一是要依法理顺政府与学校的关系，落实学校办学自主权，通过制定和实施学校章程，引导学校树立依法办学的责任感。二是要建立和完善与学校章程相配套的学校内部管理的各项规章制度，实现学校管理规范化、制度化，尤其要规范学校的办学行为、招生活动。三是要建立学校重大事务和涉及教职工切身利益事项的议事、决策与监督程序，并进一步发挥教职工代表大会在学校民主管理和监督中的重要作用，实行校务公开。四是要健全学生学籍处分程序和学生申诉机制，严格常规管理，预防学生人身伤害事故的发生，维护学生的合法权益。五是要创建安全文明校园，充分发挥法治工作委员会以及法治辅导员的作用,解决学校及其周边地区的治安环境问题,保证学校教育教学活动的正常进行。

(5)严格依法执教,切实做到教好书育好人。

振兴民族的希望在教育、振兴教育的希望在教师。教师历来被誉为"人类灵魂的工程师",教师素质直接影响到学生的立志与成才。然而,在实践中,一些教师违背为人师者的神圣职责、漠视学生的合法权益,甚至为了一己私利不惜践踏道德甚至法律,在教育工作中做出有损教师形象的不道德行为甚至违法犯罪行为。这些行为也直接损害了教师的形象,使学生失去对老师的依赖和尊重,形成与老师、学校的对立心理,并容易在厌学、反叛情绪支配下走向社会,为不良伙伴所拉拢腐蚀。在社会规范中,道德是人类行为的高标准要求,法律则是人类行为的最低标准。作为承担教书育人职责的教师一定要做到依法从教,严格按照法律的要求开展教学工作,充分尊重学生的合法权益,这是对为人师者的最低要求。《论语·子路》有云:"其身正,不令而行;其身不正,虽令不从。"只有教师以身作则,才能在法治教育中更好地发挥对学生的教育作用。学校应当对教师的教学工作进行全方位的监督和管理,不能仅以考试成绩和升学率等作为评估教师的指标,更应当重视对教师教育工作中非法行为的监督和管理,切实做到依法执教,既要教好书更要育好人,成为大学生真正的人生导师。

2. 加强法治教育的指导和评估

学校是法治教育的主渠道,各学校应当肩负起法治教育的重要职责。与此同时,教育主管部门应当加强对各学校法治教育的指导与监督,引导学校通过系统的、一贯的法制课教学和其他法治教育活动,认真、全面、细致地开展法治教育工作,及时掌握学校法治教育工作的具体情况,对于其中存在的问题及时发现并督促解决,对于学校法治教育中所面临的困难和障碍,应当尽可能提供帮助,为学校开展法治教育创造良好的环境与条件。

指导以外,科学的教育评估体系也是必要的。如果没有科学的教育评估体系,就难以确立正确的质量观,也难以客观公正地评价法治教育的效果。因此,学校法治教育必须建立和完善科学的教育评估体系,把法治教育情况列入教育评估体系,从制度上保障法治教育得到足够重视和根本落实。这种教育评估可以从几个方面进行:首先,要对法治课的教师进行全面评估,包括教师的教育思想、职业道德、业务水平、工作态度、教学方法和教学实绩。其次,要对法治教育质量效果进行评估。不能以单一的成绩作为评估标准,而应主要看是否真正培养起较强的法律意识,是否形成了现代法治观念,学生有无权益受侵害的现象,以及学生是否能拿起法律武器来维护自己的权益等。

3. 法治教育应当与道德教育紧密配合,协调统一

"加强法制重要的是要进行教育,根本问题是教育人。"[1] 而教育人最根本的又是突出理想信念教育和道德教育。因为,法律"治标不治本,治端不治始,需要通过道德弥补其不足"[2]。只有道德教育才能触及人们的灵魂,陶冶良好的情操,塑造出理想的人格。因此,加强法治教育应当以加强道德教育为基础,继承优良的传统,吸纳道德教育的成果。法律与道德同属于社会意识形态,它们相互影响又相互渗透,其社会功能具有互补性。道德和法律是人类的两大社会调控体系,都是实现社会控制的手段,都通过调整和规范人们的行为来维护社会秩序,并反映一定的社会价值和时代精神。以道德为价值取向,以道德为社会支持。法律的道德根源性赋予了法律天然的伦理属性,这种道德属性要求法律必须以道德为价值准则,体现人类的伦理精神。如果法律背离了人类基本的道德精神或道德目标,将丧失约束人们行为的道德基础。因而,只有不断地强化社会成员内在的道德良知,使其逐步养成应有的道德责任感和道德评判力,才能真正实现法律的社会价值,树立法律权威。

[1]　邓小平.邓小平文选:第1卷第1分册[M].北京:线装书局, 1995.
[2]　邓小平.邓小平文选:第1卷第1分册[M].北京:线装书局, 1995.

"法律权威感只有在社会成员普遍地、自觉地把法律当作自己的生活准则并把它当作自己的道德义务来遵守的时候才得以树立。"① 因此，大学法治教育只有把法律意识融入并积淀在当代大学生的道德理念中，将法律要求内化为他们自己的观念，才能使法律至上的意识升华为更深层次的道德义务要求，从而形成他们对行为的自我约束、对法律的自觉遵行和高度认同，形成较高境界的法律意识和法治理念。

二、加强职业指导中法治教育工作的建议

1. 大学生就业指导法律教育工作应当贯穿学习、就业全过程

大部分高等院校往往将就业工作看作学生毕业阶段的一项临时性工作，而在低年级很少对他们进行这方面的指导教育，从而使得相当多的低年级大学生缺乏对社会职业状况及人才市场动态的正确认识和准确了解，导致大学生在毕业时对职业、择业和就业的知识准备、心理准备和技术准备等明显不足，从而在择业过程中表现出盲目性、从众性和无序性。因此大学生就业法律指导工作应当提前介入、重在预防，引入日常教学工作中，建立长效教育机制，涵盖大学生在校学习、就业求职全过程。从大学生求职实际来看，在就业指导过程中要本着"管用"的出发点，注重实效，力争能够解决大学生就业求职过程中甚至包括就业派遣后一段时间内的有关法律问题。如毕业生与用人单位见面"双选"、签订就业协议、劳动合同、就业报到等就业环节，往往在这些环节中就涉及有关法律问题。因此，就业指导的法律教育应注意对大学生就业全过程中的择业阶段、签约阶段、就业报到阶段、试用期内纠纷的法律问题进行有针对性的教育。

2. 加强就业指导人员法治教育，培养一支专兼结合的高素质师资队伍

要使大学生就业指导中的法律教育工作真正落到实处，必须有一支过硬

---

① 崔国富.大学生职业素质构成与综合培养研究 [M].北京：光明日报出版社，2010.

的师资队伍。各高校应注意加强对就业指导工作人员的管理和培训,要通过人员培训、进修、补充专业工作人员、专兼职结合等加强队伍建设。就业指导人员应通过正规学习、技能水平培训、自我学习等,逐步实现由外行到专家的转变。使高校就业指导人员不但熟知大学生的就业管理业务、大学生就业教育方法和大学生的就业政策,还要熟知大学生就业过程中可能出现的法律问题,努力提高自身的法制水平、组织管理能力、交际能力、分析预测能力、信息处理与运用能力和改革创新能力,增强服务意识。只有拥有扎实的法律知识的指导人员,才能把法制教育很好地落实到即将就业的大学生身上。

3. 适时开展就业援助项目,维护学生就业合法权益

针对目前侵犯大学生就业合法权益事件时有发生的实际,有条件的学校和地方可适时、适当地开展大学生就业法律援助项目。特别是刚刚就业的大学生,只了解法律上的实体权利,不能掌握法律程序的规则,使原本在实体上应当保护的权利得不到法律的保护。此项目的实施在于针对毕业生在求职过程中、刚刚就业后出现的劳动争议或法律问题,维护其就业合法权益。具体工作方式可以包括以下形式:开通热线咨询电话接受咨询;设置专门的电子信箱接收电子邮件咨询;接受同学当面咨询;开通大学生就业法律援助服务网站;提供法律建议及维权方案,帮助学生实现维权。

4. 构建权利本位意识

大学生都是中华人民共和国的公民,是宪法规定的权利与义务的主体,引导大学生树立正确的权利义务观是法治教育的基本任务。权利与义务的问题是法律的核心问题,权利与义务应该是相应的。比如,你有享受公共交通便利的权利,同时也有遵守交通规则和社会公德的义务。而在我国传统法律文化和法治教育中普遍存在重义务而轻权利的现象,偏重于传统的义务本位观,反映在现实生活中,公民的平等、权利观念和维权意识淡薄而权力崇拜观念浓厚,甚至出现权力左右经济发展的“权力经济”现象。这种观念的巨大

惯性直到现在仍然时时体现出来。譬如，在学校法治教育中，本应该加强对学生作为一个公民、作为一名学生应该享有法律赋予的各种权利和应履行义务的教育，但在实际中，法治教育注重的是法律条文（特别是法律制裁条文）的认知，更强调的是学生应遵守的规范和义务以及违反后应受到的惩罚，忽视学生的权利意识培养与权利保障。在目前各级各类学校制定的《学生手册（守则）》中，基本上都是学生应遵守的规范，而很少有权利的规定。在权利和义务的关系（结构）中，权利应该是第一性的，是义务存在的前提和依据，法律设定义务的目的保障权利的实现；权利须受法律的限制，而法律限制的目的是保障每个主体的权利都能得到实现。法的基础终归是利益，所以在一些西方国家的词源上权利即法、法即权利。苏联法理学界则认为，权利是主观的法，法是客观法（法律规范）与这种主观法（主体权利）的统一。所以，保障权利是法律的根本，即使是罪犯，他的权利也要受到保护。

因此，对大学生进行法治教育最重要的是正确理解和行使作为公民在法律上享有的权利；作为学生享有《中华人民共和国高等教育法》规定的各项权利；在学校教育中更应尊重学生，切实保障学生的合法权利，引导他们牢固树立公民权利意识。

参考文献

［1］苏照洋.公安专业大学生职业素质教育策略研究[J].山西青年，2022（19）：96-98.

［2］李喜云.着力人才素质培养助力优秀企业文化——分析当代大学生素质教育目标体系设定思路[J].现代商贸工业，2022,43（17）：97-98.

［3］王会.大学生 T 型人才职业素养培育研究[D].扬州：扬州大学，2022.

［4］王春燕.新时期高校思政教育对大学生就业的影响[J].就业与保障，2022（3）：169-171.

［5］亓慧坤，宿秀平.就业视角下大学生职业道德培养研究[J].就业与保障，2022（2）：88-90.

［6］王菲菲.职业发展理念下大学生行为养成教育探讨[J].黑龙江科学，2021,12（23）：138-139.

［7］朱锦，姚光烨."大思政"视域下红色文化融入大学生素质教育的策略研究——以江苏农林职业技术学院茅山校区大学生返家乡开展"传承红色基因"调研为例[J].文化创新比较研究，2021,5（26）：195-198.

［8］文晶娅.关于新时期大学生职业素质和创新创业能力的培养[J].湖北经济学院学报（人文社会科学版），2021,18（9）：114-116.

［9］张巨洪.探究高等职业院校大学生人文素质教育[J].中国多媒体与网络教学学报（中旬刊），2021（7）：240-242.

［10］郑文姬.高职院校大学生人文素质教育与职业技能协同创新发展研

究[J].现代职业教育,2020 (4): 37-39.

[11]李阳.中医大学生职业素质现状调查与培养对策研究[D].广州:广州中医药大学,2015.

[12]韩泽春.基于高校辅导员专业化的教育知识管理研究[D].长春:东北师范大学,2015.

[13]崔晓琰.高等职业院校大学生人文素质教育研究[D].太原:山西师范大学,2014.

[14]刘肇君.新闻专业大学生职业道德素质的调查研究及教育对策[D].长春:吉林财经大学,2012.

[15]兰莹莹.大学生职业道德教育研究[D].大连:大连理工大学,2011.

[16]冯增振.高校辅导员职业素质与能力培养研究[D].上海:上海师范大学,2011.

[17]曾艳敏.大学生职业生涯规划与就业指导教学中思想道德素质教育研究[D].石家庄:河北师范大学,2010.

[18]倪锋.大学生职业素质培养与职业生涯规划教育的研究[D].上海:上海师范大学,2007.

[19]叶晓燕.大学生生涯辅导的理论与方法的研究[D].上海:东华大学,2006.

[20]李建松.大学生职业心理素质缺陷分析及其对策研究[D].南京:南京工业大学,2005.